KB165719

조각난 지혜로
세상을 마주하다

조각난 지혜로
세상을 마주하다

김영민 강연집

글항아리

조각난 채로 구제한다

자기 구제의 공부가 근년의 주요한 관심사다. 위기지학爲己之學의 이념이 있듯, 외려 '근본 이기주의'의 되치기 수법으로 각답실지脚踏實地의 공부를 얻어 안팎으로 유익하고자 한다. 제 앞가림조차 못 하는 학식, 이웃의 아픔에 무력한 고담준론, 평생을 붙들고 있어도 제 존재를 증명하지 못하는 공부, 죄다 목구멍에 들러붙은 독버섯이나 진배없다. 앉은 자리는 오염되어 있고, 시선은 고르지 않으며, 제아무리 많은 지식으로도 지혜는 조각날 수밖에 없다. 불투명해도 깨단할 수 있고, 흔들리면서도 걷고, 조각난 지혜로도 세상을 살고 우주를 건넌다.

이 책은 2023년 10월부터 2024년 7월까지 서울 서촌에 있는 '서숙'('장숙藏塾'의 서울 강의장)에서 열 번에 걸쳐 강의한 것을 정리한 것이다. 모임을 위해 애쓴 몇몇 숙인과 전국 각지에서 찾아와 경청해준 독자, 후학들에게, 그리고 한결같이 내 글을 마다하지 않는 글항아리의 이은혜씨에게도 감사의 뜻을 전한다.

인문학에 대한 네 가지 다른 태도[1]

: 정희진, 박문호, 유시민

이 주제에 접근하는 세 가지 주도적인 질문은 아래와 같이 평이하고 단출하게 설정된다.

1) 정희진은 왜 저렇게(조리 없이, 늘 샛길로 빠지면서) 말하게 되었을까?
2) 박문호는 왜 인문학을 물로 볼까?
3) 유시민은 왜 스스로 인문학자연然하는 것일까?

1.

　박문호(이하 B)는 기억의 천재다. 그것은 선발용選拔用 장치로서만이 아니라 어느 정도는 계발용啓發用으로서도 그러하다. 관심 분야에 관한 기억의 총량, 그 배치와 종합은 타의 추종을 불허한다. 임의로 인출 가능한 지식의 총량만을 치자면 그는 웬만한 노벨상 수상자의 것을 훨씬 상회할 것이다. B는 과학 지식으로 점철된 몇 시간짜리 강의를 교안 없이 진행한다. 게다가 그는 자신의 기억력을 증명하기라도 하듯, 별안간 세계사 강의에 나서기도 하는데, 역시 방대한 분량의 정보를 단시간 내에 습득, 암기, 배치, 종합하는 솜씨는 그야말로 기재奇才다. B는 기억하는 자일 뿐 아니라 인간의 기억이 무엇인지 과학적으로 소상히 이해하며, 그의 기억은 이 이해를 바탕으로 수행적으로 재구성된다.

　서울대 경제학과 출신의 유시민(이하 Y)도 그 출신을 연상케 하는 기억력을 보유하고, 그만의 의기意氣나 냅뜰성에 얹힌 입담 속에서 십분 그 능력을 발휘하기도 한다. B는 단연코 예외적이지만, Y도 좋은 기억력과 열린 태도를 바탕으로 빠른 학습자fast learner의 면모를 보인다. B가 실제로 섭렵한 여러 분야나, 그가 가능성 속에서 예고편처럼 드러내는 분야들(역사학, 불교학 등)은 그 자체로 대단한 성취이자 재능이지만, Y도 제 생각과 이데올로기 속에 코쿤처럼 박혀 있지 않고, 관심과 범위를 넓히거나 재배치하면서 넉넉히 자기 변신을 기할 수 있는 사람으로 보인다.

이에 비해 정희진(이하 J)은 기억의 배치와 활용이 이 두 남자와는 사뭇 다르다. 그녀의 기억은 특히 가부장적 근대주의의 상처들과 이를 상쇄하려는 강한 정서로 점철되어 있다. J의 발화 방식은 자신의 (여성적) 실존을 얹은 수행성遂行性의 곤혹을 여실히 드러내곤 하는데, 그녀의 기억도 마치 그 발화를 닮은 듯 때로 어긋나고 비척거리거나 혹은 자주 곁길로 샌다. J에게는, 몸의 분열을 정신적으로 봉합하려는 남성적·강박증적 정신주의 대신에 그 분열과 상처를 자기 몸으로 살아낼 수밖에 없어 하는 여성적·전환신경증적 행태가 고스란히 드러나는 듯도 했다. 그러나 J의 발화가 질척대고 비척거리는 게 특히 그녀의 여성적 실존과 그 이력에 깊이 공명할 수 있는 여성 독자/청자들에게는 개성적 진정성personal authenticity으로 읽혀 남자들이 접근하기 어려운 여성적 연대성의 효과를 내기도 한다.

B가 암기를 강조하는 것은 그의 특유한 재능, 그리고 '자연과학'이라는 그의 관심사에서 보자면 일견 당연하다. '이해하지 말고 암기하라'는 그의 한결같은 주문은, 전통적으로 '이해의 학문Verstehenswissenschaft'이었던 인문학에 대한 그의 부정적 태도를 규정하기도 한다. B는 노골적인 지적을 피하긴 해도, 철학과 인문학적 논변 따위를 실없는 짓으로 여기는 듯하다. 그는 '질문하지 마라'라고 하면서, 질문을 '간지러워서 몸을 긁는 (나쁜) 버릇' 쯤으로 폄하한다. (암기할 게 태산같이 쌓여 있는데, 질문할 시간과 정신머리가 어디 있는가? 닥치고 암기!) 오히려 나는 (낭송과 암기의 능력이 '학생 주도적 학습'이니

조각난 지혜로 세상을 마주하다

'창의성'이니 하는 유행 속에서 실종되는 현실을 목도하면서) B의 이러한 주장에 공감하는 바가 있고, 나 역시 암기와 낭송朗誦에 색다른 악센트를 보태고 있다. 그러나 이 문제에 관한 한 인문학자라면 누구나 물 밖에 나온 복어처럼 가시를 세우고 대들 것이다. 특히나 정치사회적 진보성을 체화한 듯한 J나 Y라면 이 같은 질문-무용성 테제를 사뭇 불길하게 여길 법도 하다. 그러나 이른바 '지식의 베이스캠프'를 높여야 한다는 B의 주장에 따르면, 공부의 기초 체력을 이루는 지식들을 암기도 하지 않은 채 호기심 어린 아마추어류의 질문을 남발하는 것은 이미 학습 목표의 전 과정을 일매지게 지도화해놓은 선생에게는 성가시고 어리석은 짓일 것이다.

2.

Y에게는 한때 '촉새'라는 별명이 찍혔다. '촉새같이 나서다'라는 말이 있듯, 그에게는 늘 할 말이 있고 그는 그 말을 참지 못한다. 게다가 필요하다고 느끼면 남의 말을 끊고 끼어드는 짓도 서슴지 않는다. 똑똑한 데다 학습능력이 좋으므로 쟁여둔 말이 많고 갖은 '비평'을 위한 현장 경험도 풍부할 뿐 아니라 심지어(!) 입의 크기도 상당해서 발성發聲에도 유리하다. 그러나 경북 출신에 입마저 작고 말이 빠른루口 B의 발음은 다소 엉망이다. 가령 B가 강의 중에 흔히 '자, 이제 빨리 하겠습니다!'라고 외치는 것은, 오히려 발화의 콤플렉스적 단서로는 매우 전형적으로 보인다. 듣는 내게 드는 첫인상으로 말하자면, 이 '빨리'라는 말이 향하는 곳은 그의 입술에 얹히는 발화가 아니라 그의 기억 속에서 온전히 회전하고 있는 그 많디많은 정보다. 뇌 속 지식의 양이 입술 위에서 유통되는 말의 양과 상호 소외를 일으키고 있는 셈이다.

'성급한 자 말이 많다躁人之辭多'고 했지만, Y는 자주 성급해 보이며, 말을 묵혀 이루고 스스로 성숙해가는 영역의 공부에는 큰 관심이 없어 보인(였)다. 그렇다고 부조경박浮躁輕薄해 보이진 않는다. 제 나름의 대의大義를 지키면서 살아온 풍운아적 호기豪氣가 없지 않아서 그럴 것이며, 또한 그의 발언이 대체로 적절하고 때론 남다른 식견을 드러내기 때문이다. Y는 긴 세월 자기 변신에도 좋은 족적을 남겼고, 그 풍화 혹은 진화의 과정에서 원만하고 현명해져가는 면이 없지 않지만, 역시 말본새는 쉽게 고치지 못한다. 어쨌든 Y는 무슨 주제든 참견해서 말을 넣을 지식과 경험을 갖추고 있고, 웬만해서는 지지 않을 언술적 공격력도 지니고 있다.

(내 특정한 관심에서 보기에) B의 약점은 발성에 있다. 그의 발성은 어떤 감성의 부재, 그리고 정치성의 부재와 결부되어 있을 듯싶다. (그러나 경상도, 특히 경북 말이 누리는 정치언어적 위상이 탄탄한 데다, B 역시 자신의 발성에 대한 별 자의식이 없어 보인다. 그러나 발성에 대한 메타인지적 감성이 없다는 사실이 오히려 중요한 시그널이다.) 그 작은 입에다, 초성 리을(ㄹ) 발음도, 이중모음도 불가능한 경북의 산골 발음이 그의 몸에 '악착같이' 붙어 있는 로컬한 모습은, 마치 지구학地球學의 모든 것을 유니버설하게 다 아는 듯한 이 남자의 정신과 매우 대조적이다. 그래서일까, 그는 내겐 늘 다소 천진하고 귀여운(?) 인상을 풍긴다. 가령 B는 '때문에'를 '따무래'라고 발성하고, 룰rule을 '눌'이라고 한다. 그는 이것을 영영 고치지 않을(못할) 것이고, 이 불치不治는 정신분석적으로 말해서 그의 놀라운 능력의 일반적인 비용이다. 세상 물정에 밝은streetwise, 그래서 때로 시건방져 보이기도naseweis 하는 Y에 견주자면 더 그럴 것이다. B는 세상 모르고, (그러나/그래서 지구와 우주 전부를 알고자) 열심히 제 길만을 파고 있는 것이다.

B는 왜 그 엉망인 발음을 고치려 하지 않을까? 매체를 적극적으로 활용하고 대중 강연조차 꽤 즐기는 듯한 표정인데도 말이다.

보통 사람들은 상상조차 할 수 없는 분량의 지식을 체계적으로 지닌 이 남자는 그 지식의 내용에만 매달릴 뿐, 왜 '자신'이라는 매체는 무시하고 있을까? 비록 자연과학은 이해와 해석, 감성과 수행의 학문이 아니긴 하지만, B는 언어매체적 감성이나 수행적 효과 performative effects 에 지나치게 무심한 것이 아닐까? 그는 대체로 철학과 인문학을 폄시하는 듯하지만, 바로 그곳에 그가 기억과 정리와 종합의 천재이긴 해도 '창의적 사상'을 일굴 수 없는 한계가 숨어 있진 않을까?[2] 더구나 그가 이끌고 있는 '박문호의 자연과학 세상'에서는 약간의 공동체적 관심이 배태되고 있고, 자신들의 작업을 '공부'라고 여기고 있지 않은가?

10여 년 전 나는 내가 주관하던 공부 모임에서 J를 초청, 지근에서 그녀의 강의를 들은 적이 있는데, B나 Y와 달리 서울말을 쓰는 그녀는 또 다른 뜻에서 그 말본새가 엉망이었다. 마치 가파른 여울 속을 내달리는 냇물처럼 그녀의 말은 걷잡을 수 없었다. 게다가 주제를 쫓아 한 흐름을 이루는 게 아니라 틈만 나면 엉뚱한 샛길로 빠졌다. 마치 서툰 무당의 일인극처럼 보이기까지 했다. 거기에 더해 그녀의 입성이나 표정은 풍부하고 이국적인 데가 있어 제대로 집중하지 않는 청자들로 하여금 주제에 접근하는 것을 막았다. 과연 그녀는 가부장-지식인 남자들의 발화와는 완전히 달랐다. 그렇다고 여느 먹물 먹은 여성 지식인의 그것과도 그 종류를 달리했다. 최근에 팟캐스트를 통해 들은 J의 말은 전보다 더 차분해졌고 조리 있게 응하는 편이지만, 그 난반사하는 열

조각난 지혜로 세상을 마주하다

정이나 제멋대로 튀는 연상력, 그리고 "(여성적) 실존을 얹은 수행성"의 곤혹이 그대로 드러나는 발화 방식은 여전해 보였다. J의 발화는 가히 증상적이었는데, 그 증상에 얹혀 있는 것이 무엇인지, 특히 그이와 성별/입장/생각을 달리하는 이들이라면 주목할 만했다.

1강 인문학에 대한 네 가지 다른 태도: 정희진, 박문호, 유시민

3.

 Y의 설명력은 좋은 편이다. 의기意氣와 의리가 있는 풍운아적 면모를 지닌 그는 '세상을 널리 다녀본 경험에 터한 아이러니'(리처드 로티)가 있어, 어느 정도 자기 성찰력마저 갖추고 있다. 앞서 말했듯이 그가 지닌 최고의 장점은 학습능력과 기억력인데, 그는 (B에는 미치지 못하지만, J보다는 훨씬 더 조직적으로) 그 장점을 설명의 채널 속에 매우 효과적으로 부려넣는다. Y는 스스로 자기 실력과 관심의 한계/조건을 분명히 하면서, 경제학 전공의 배경과 함께 긴 세월 현실 정치에 몸담은 이력이 남긴 실천성practicality에 터해서 그 설명력을 높인다. 그는 자기 입장이나 논점을 숨기지 않으며, 논쟁적 대치관계를 피하지 않고, 때로 험악한 표정을 지으면서도 제 할 말은 다 한다. 근년에 나이가 들면서 노숙老熟하고 숙진 태도를 드러내기도 하는데, 이 점이 특히 진중권과의 갈등을 봉합하는 장면에서 두드러지는 데에는 흥미로운 면이 있다. 그러나 그는 영영 수행자적으로 혹은 옛 선비처럼 원숙圓熟할 타입은 아닐지도 모른다. 그렇긴 해도, 스스로 원숙함을 밀어냄으로써 외려 날선 사회비평가적 면모를 유지할 수 있고, 또한 그의 비평적 언사는 여느 정치사회 비평과는 달리 쉼 없이 독서하는 중에 얻은 지식의 수원水源을 비평의 자원으로 활용하는 데서 보기 드문 매력을 얻는다.

 B는, 어떤 의미에서는 '설명'이라고 할 만한 게 별로 없다. 그

조각난 지혜로 세상을 마주하다

는 거의 모든 것을 암기하고 있고, 그것도 체계적으로 지도화_{map-ping}하고 있어, 그것들을 마치 필요에 따라 거미줄처럼 풀어놓는 형국이다. '일이 생겨서 이에 창의적으로 응변하는事來而應辯' 인문학적 감성과 그 태세가 원천적으로 필요 없어 보인다. '사람의 두뇌는 컴퓨터가 아니고 세상은 테이프가 아니'(제럴드 에덜먼)기에, 대인접물對人接物의 순간순간은 순발력과 변통력과 창의성을 필요로 하는 법이지만, 그는 이미 암기하고 정리하며 통섭할 일이 너무나 많아 보인다. 화법이란 워낙 기질이나 삶의 양식, 혹은 아비투스habitus와 접속한 곳이므로 고치기 어렵지만, B는 화법 따위에는 별 관심이 없어 보인다. (물론 그도 자신의 화법에 자의식이 있고, 이를 에둘러 표현하거나 혹은 몇 가지 증상적 태도 속에 드러낸다.) '인문학이 (자기) 매체학'이라고 한다면, 그리고 비트겐슈타인의 말처럼 '자기 자신을 문제시하지 않는 글은 (인문학적으로) 속임수'라고 한다면, 역시 그는 인문학자가 아닌 셈이다. 그가, '모든 학문은 언어학'이며, '자연과학도 그 분야의 어휘를 배우는 일'이라고 할 때조차 그는 전혀 언어성Sprachlichkeit의 차원에는 접근하지 않는다. 가령 그는 베르너 하이젠베르크나 제임스 진스 경이나 혹은 조너선 파워스와는 달리 과학의 철학적 의의에 관해서는 별 관심이 없는 것이다.

J의 글쓰기는 별 나무랄 데가 없어 보인다. 누구든 그녀보다 더 잘 쓸 수도, 더 못 쓸 수도 있겠지만, J는 제 나름의 시각을 담은 제 나름의 글을 옹글게 써낸다. 문제는 그녀의 말이며, 그 말 속의

설명이다. 한때 '설명의 영웅주의'를 꿈꿔본 학인으로서 나는 응당 그녀의 말과 설명에 만족할 수 없다. J가 만약 영어나 독일어를 구사하는 제1세계의 백인이었다면 차마 청중 앞에서 입을 벌리기도 민망했을 법하다. 서양의 지식인들은 남녀를 불문하고 '이미' 그렇게 말하지 않는 것! 간단히 말하자면, 그녀는 조리 있고 합리적인 남성-가부장적 화법에서 멀리 떨어져 있으면서도, 자기만의 독특한 수행적(이른바 '몸을 끄-을-고 말하는') 발화 방식으로 긴 세월 동안 청중을 빼앗기지 않는 흥미로운 현상을 보인다. 그 발화 방식에 이름 있는 남성 지식인을 대입시켜본다면 J가 누리고 있는 독특하고 차별적인 위상은 좀더 분명해질 듯하다. 나는 10여 년 전 J의 강의를 처음 접한 후 그녀의 조리 없는, 자주 맥락을 떠나는 화법에 다소 놀랐고, 그녀가 그런 엉성한(?) 화법을 도구로 활용하면서 수많은 강연/강의에 다닌다는 사실에 더 놀랐고, 그럼에도 그녀의 독자와 청중이 J에 대한 사랑(!)[3]을 거두지 않는다는 사실에 더더욱 놀랐다.

J는 여느 남성 지식인들처럼 청중의 '바깥'에서, 그들을 내려다보면서 말하지 않는 듯하다. 저 아래/너머에 있는 청중에게 자기주장을 정연하게 전달하는 식으로 말하지 않는다. 말의 두서나 갈피를 무시하면서 곁길로 내달리는 그녀의 잡담, 심지어 만담漫談 같은 말은 도리어 일부 청자와의 일체감을 일궈내는 데 매우 유효해 보인다. 아니, 이미 사전에 그렇게 구성된 연대감은 그녀의 성가聲價에 대한 마중물이자 그 토대가 된다. 깨끗이 정돈되고 가공

조각난 지혜로 세상을 마주하다

된 이론을 건네주는 게 아니라, 마치 한 사람의 연극 배우처럼 혹은 정신 빠진 무당처럼 온몸으로 자기 이론과 주장을 구체화해내는 듯한 인상이다. 중세에 마녀 식별의 지표 중에는 '수다', 특히 여럿 앞에서 시끄럽게 떠들어대는 수다가 있었는데, 지식인 J는 자기 지식을 특이하게 가공하고 전달함으로써 스스로에게 현대판 마녀의 역을 떠맡기고 있는지도 모른다. J의 여성주의는 오히려 이러한 발화-행위 속에서 그녀만의 독특한 빛과 따스함을 발한다. 그리고 바로 여기에 청중(특히 여성 청중)과의 정서적 신뢰감이, 심지어 상처받은 자들의 동체同體 의식이 그 바탕에 놓여 있음을 어렵잖게 직감할 수 있다. 그 어떤 유명한 남성 강연자라도 낯선 자리에 모인 낯선 청중과의 즉각적이고도 정서적인 일체감을 얻기는 어렵고, 자신의 곤혹스럽고 누추한 부분까지 솔직히 털어놓는 형식의 말하기를 위한 신뢰감을 얻기는 더더욱 어렵다. 그러나 바로 이 대목에서 J의 말하기는 사랑방 속의 남성 가부장이 성취하기 어려운, 안방스러운 특징, 그 최고의 약점이자 장점을 드러낸다.

　말하기에만 국한시켜 볼 때 J의 인문학은 거의 '수행적-표현주의적performative-expressive인 것'으로 보인다. 내가 또 다른 의미에서 인문학적 실천을 '몸을 끄-을-고' 나가는 것이라고 했듯이, 그녀의 발화는 그 자체로 발화 행위speech-act이며, 제 몸을 끄-을-고 나가면서 이루어지는 듯하다. J는 "우리의 영어를 미국인이 못 알아들을 때 저항의 가능성이 있다. 번역 불가능성, 곧 저항의 가능성이"라고 한 적이 있는데, 그녀의 조리 없이 흔들리거나 옆으로 새거나 정서적으로 넘실거리는 말하기는 곧 우리 시대의 강자들에게 비소통의 저항적 행위로 읽혀야 마땅할지 모른다. 내가 한때 사회적 약자인 여성들이 지배적 강자들과의 관계를 맺는 과정에서 선택적·전략적으로 '파약破約의 존재론'을 운용할 수 있다고 했던 것처럼, J가 시사하는 전략은 '비소통의 발화법'일지도 모른다. 덧붙여 한마디만 비판하자면, 혹시 J의 말하기 행태는 단순히 그녀의 상처와 콤플렉스에 끄달리거나 떠밀린 게 아닐까 하는 의심이 든다. 라캉식으로 말해서 어쩌면 그녀는 엄마(여자)와 자신의 일차적·정서적 동질성을 여태도 유지한 채로 제 나름의 지적 세계를 이루어버렸고, 그사이 이른바 '아버지의 이름Nom-du-Pere'으로 대표되는 한국적인, 너무나 한국적인 것들을 계속 거부하거나 회피하고 있는 것은 아닐까?

4.

    Y는 경제학을 전공했고, 학생운동과 정치인의 짧지 않은 이력을 거쳤으며, 그사이 보건복지부 장관의 경험까지 지녔으면서도 왜 이제 와서야 스스로 인문학자연然하는 것일까? 그는 이미 온몸으로, 그의 예리하고 진보적인 말로써, 자신의 행태가 '사회과학적'임을 증명해오지 않았던가? 그가 TV 시사 토론의 강자로 이름을 떨친 것도 자신의 사회과학적 식견과 더불어 그 능란한 논객적 수완에 힘입은 바가 크지 않던가? 머리 좋고 학습능력이 있는 그가 칸트를 들먹이거나 플라톤을 인용하는 것은 스스로를 인문학자로 자리매김하는 데에는 별 도움이 되지 않아 보인다. 한국처럼 객관적인 지식 강국인 데다 갖은 담론의 유통이 빠르고, 소년과 소녀가 연애하듯 이론들에 탐닉하는 사회에서 Y처럼 똑똑한 지식인이 '크로스오버'하는 것은 사실 이미 사계의 유행에 불과하기 때문이다. 그가 굳이 스스로를 '인문학자'로 자리매김하려는 욕망의 물매는 무엇일까.

    예를 들어 B는 단 몇 주만의 암기로 세계사를 제법 멋지게 강의하지 않던가? 하지만 인문학의 본령은 그런 식의 데이터 친화성에 있지 않다. (오히려!) Y나 B처럼 암기력과 기억력이 동뜨게 좋은 사실은 아이러니하게도 이들의 학문적 고향을 적시한다고 해야 할 것이다. 근자에 마치 동네북이 된 듯한 의사와 검사 집단에 공통된 재능이야말로 곧 남다른 암기력과 기억력이 아니던가. 세

익스피어나 하이데거의 지성과 재능을 '정보집약적'이라고 할 수 있겠는가. Y의 인기와 명성의 상당 부분은 여전히 이데올로기적 구분과 재배치 능력, 시사 문제에 관한 명민한 분석과 비판, 그리고 역사정치적 갈래의 선택에서 진보적 대의에 일관되게 충실해 온 점 등에 기대고 있는 것이다.

이상한 지적일 수 있겠지만, 나는 Y의 장점 가운데 하나로, 논쟁 중 옳고 정당한 발언을 할 때조차 종종 험악한(!) 표정을 지을 수 있는 다소 희유한 자질을 든다. 한국의 보수에는 대개 '이상한' 놈이 많고, 진보에는 쓸데없이 '착한' 놈이 많은 가운데 Y는 흥미롭게도 올바른 정치적 선택과 비평을 하면서도 그 태도와 화법과 표정 등에서는 사뭇 집요한 맹장猛將의 모습을 보이는데, 나는 바로 여기서 합리적·진보적 시민 대중이 부지불식간에 바라고 있는 점이 해소된다고 여긴다. 옛날 어느 시인은 '순정이 아니라 질긴 정신의 힘'(최승희)을 요구한 바 있으나, 착하지만 말고 올바른 선택의 도상에서 질긴 정신의 노동에 지치지 않아야만 현명한 진보의 길을 유지할 수 있겠는데, Y의 명성과 매력은 대략 이 같은 이력에 터하고 있을 것이다.

나는 Y를 좋은 의미에서 '풍운아風雲兒'의 일종이라고 여긴다. 그는 무엇보다 20대 이래 자기 신념에 일매지게 충실하며, 세속적인 위치나 역할을 매우 성공적으로 바꾸면서 남다른 성취를 내고, 매번의 변신과 성취 속에서는 제 나름의 열정과 진정성이 돋보이기 때문이다. (이상한 지적일 수 있지만) 나는 그가 노무현과 노회찬의

조각난 지혜로 세상을 마주하다

죽음을 놓고 아무 눈치도 없이 눈물을 쏟으면서 슬퍼하던 모습이, 마치 그의 열정과 충실을 상징하듯 잊히지 않는다. 그는 무엇보다 '열정적 인간hombre apasionado'인 것이다. 한편 긴 세월 내게 주로 포착된 풍경이 '논쟁하는 유시민'이었던 것은 당연한데, 남다른 식견에 변재辯才가 있고 언제든 논쟁의 기세를 잃지 않으며, 때론 미상불 깡패 같은 표정을 지으면서도 조리 있게 말할 수 있지만, 한편 상대를 배려해서 스스로 말수를 줄이는 경우조차 찾아보기 어려우니 이미 그에게 심정적 혹은 이데올로기적으로 동조하는 청자들의 호응은 다대할 수밖에 없다. 나는 '학인의 죽어주기'를 긴 세월 언급했는데, Y는 그가 속한 논쟁의 토너먼트 성격상 또는 그의 성격상, 그리고 이미 그를 둘러싸고 있는 이데올로기적 장치들의 성격상, 죽어줄 수는 없는 것이다. 돌려 말하자면, 이미 Y가 살고 놀고 활약해온 자리는 인문학적 여건과 감성으로 넉넉히 조건화된 곳이 아니다.

작가로서 새로운 길을 모색했고 남달리 성공적으로 진입했던 그가, 어느새 더 이상 젊지 않은 그가, 그리고 누구보다 시세에 밝고 학습능력이 좋은 그가 한물간 '사회과학'의 영지를 배회할 리가 없다. (가령 목숨을 걸듯 투명한 열정으로 전두환 정권과 싸우고 노무현 정권을 수호했던 그가, 어느 날 갑자기 자기 책을 홍보하는 모습을 접하는 것은 제법 기괴하다.) 이미 독서 대중은 '인문학'이라는, 대중매체 친화적으로 왜곡되게 변해버린 교양 담론술談論術에 빠져 있지 않던가. Y가 인문학자로서 자신을 내세우려는 배경에는 이처럼 변신의 권도權道

1강 인문학에 대한 네 가지 다른 태도: 정희진, 박문호, 유시민가 어느 정도 작동하고 있을 법했다.

그러나 나는 Y가 인문학자연하는 데에는, 이 같은 권도적 장치와 더불어 당연히 좀더 내적인, 인격적인 이유가 작동한다고 본다. 언제부터인가 준열한 투사 혹은 냉철한 이데올로그와 같은 Y의 태도에서 변화가 보이고, 그럼으로써 '우주는 무상하고 인생은 의견'(마르쿠스 아우렐리우스)이라는 만각晚覺과 함께 인간적 성숙의 자리가 생겨났던 것도 같다. 내가 처음 그 기미를 확연히 느낀 것은 Y가 노회찬, 진중권과 함께 진행하던 팟캐스트에서였다. 나이 차가 있기도 했겠지만, Y는 특히 진중권의 모나고 비틀어진 태도와는 달리 상대를 배려하거나 얼마간의 오해를 삭여내는 시늉을 하기 시작했다. 환멸과 함께 정치권을 떠나고, 가까운 사람들의 충격적인 죽음을 목도하고, 늦깎이로 글쓰기를 주업으로 삼기 시작했고, 그리고 어느새 나이는 예순에 가까워진 터에 생긴 이른바 '자기배려'(푸코)의 모습이었을까. 투사, 사회과학자, 정치인, 관료로서의 길을 본때 있게 충실히 걸어왔던 Y는, 이 모든 과정을 열심히 통과했던 사람의 경험적 지혜sagesse를 바탕으로 마침내 인간으로서의 성숙이라는 과제를 붙들게 되었던 것일까. 대개의 인간은 개인의 성숙을 곧 '구원'의 체계 속으로 환치하고 스스로의 개입이나 비용을 무시한 채 안이한 위안으로 만족하고 만다. 그러나 공공연한 무신론자이자 거의 유물론자로 보이는 Y에게서는 사정이 달라진다. 그가 인용하기 좋아하는 베버식으로 말하자면, 종교가 사라진 자리를 대체할 수 있는 것은 대개 예술과 성애性愛와 지

조각난 지혜로 세상을 마주하다

식인데, 응당 그로서는 지식의 길을 택하게 될 것이다.

성숙과 구원의 문제가 실존적인 과제가 되면 대체로 종교나 혹은 이와 유사한 장치/제도들이 전면화되는 법이다. 그러나 Y는 이미 스스로 이 길을 막아놓은 상태로 보인다. 민주화 혹은 사회적 합리화를 위해 평생을 바친 사람, 그 '개인'이 예순을 넘기면서 어느새 '돌이킬 수 없이' 성숙해져간다고 한다면, 그런데 그가 하필이면 유물론적 무신론자라고 한다면, 그에게 열려 있는 자기 성숙-자기 구원(물론 Y는 '구원'이라는 말을 사용하진 않는다)의 길은 대체 어디서 찾을 수 있을까? 요컨대 이런 식으로 Y에게는 인문학이라는 게 성숙의 뒷배, 이데올로기 혹은 그 실용적 장치로서 동원되고 있는 게 아닐까. Y는 오랫동안 좌파 이데올로기, 경제학, 사회학, 정치학, 사회복지학 등으로 무장한 채 한 세상을 충실하고도 성공적으로 살아왔고, 어느새 예순을 넘기면서 다시 글쓰기를 통해 자기 변신에 성공하(려)는 주체의 윤리적 기반으로서 인문학을 '요청Postulat'(칸트)하고 있는 셈이다.

5.

　　Y는 권력투쟁으로서의 정치를 직접 겪었다. 이 경험은 그의 사회과학적 시각과 식견을 벼리는 데 이바지했고, 그가 뒤늦게 이룬 작가로서의 삶을 두텁게 했다. (그러나 바로 이 탓에 그는 자신의 정신과 감성을 인문학적으로 조형하는 데 한계를, 혹은 오해를 지니게 될 것이다.) J는 종교학과 학사를 마친 후 한국여성의전화 등 여러 시민단체와 여성 조직을 거치면서 한국 사회의 기층과 변두리, 그리고 특히 여성적 현실을 둘러싼 여러 문제에 관여해왔다. Y의 정치가 국가 이데올로기와 대면하는 수준에까지 이른다면 J는 이른바 생활정치적 차원 속으로 스며들어 글을 쓰고 말한다. 내가 보기에 J의 글쓰기는 특별히 '인문학적'이지 않지만, 생활의 수준에서 말하고 주변부 여성들의 삶을 다루면서 인문人紋을 세심히 건드릴 것은 당연하다. 하지만 차라리 인문(학)은 바로 이 '세심히'와 더불어 매번 갱신될 것이므로, 학인 개인의 역량이나 기질, 관심과 태도를 무시한 채 소재/과제 중심으로 인문학(자)을 설정할 수는 없는 법이다. 학문을 운영하면서 남녀의 차差를 근본화하는 짓은 늘 자가당착의 덫을 불러오지만, J의 인문학은 아무튼 꽤나 '여성적'이다.
　　Y나 J에 비하면 B는 거의 비정치적인 인물로 보인다. 경북은 오래전부터 학인과 정치인이 겹치던 땅인데, B는 거의 반응형성적으로 비정치화된 듯하다. 물론 그의 정신문화적 텃밭이 구조화해온 정치적 지형과 그 물매에서 그가 자유로우리라고 보지는 않

는다. 진정한 탈정치화는 오직 그 나름의 정치화를 통해서만 가능하기 때문이다. 언젠가 B가 "나는 지구가 무엇인지 알고 싶다"고 해서 나는 깊이 감동했는데, 말하자면 그는 완전히 다른 이데올로기를 지니고 있다고 해도 좋을 것이다. 이와 관련해 흥미 있는 지점은 그가 공동체적 전망을 숨기지 않고 있다는 것이다. '박문호의 자연과학세상'(http://www.mhpark.or.kr/)은 국내 최대의 자연과학 학습 사이트인데, 그의 활동과 강연 내용에서 유추하건대 그는 학습공동체적 관심을 품고 있는 듯하지만 이를 구체화할 제도나 이데올로기, 혹은 윤리적 토대가 빈약해 보인다. 그는 자연과학세상 속에 안돈한 채 문화의 허무를 피하고 있긴 하지만 물질세계 역시 그 형이상학적 토대가 없기는 마찬가지이기 때문이다. 다만 B가 불교에 체험적 일가견이 있다는 사실이 이런 관심과 어떻게 결부될지는 두고 볼 노릇이다.

B에 비해서도 Y는 공동체적 관심이 없어 보인다. 물론 정치적 결사의 경험이 많긴 하지만 그는 자유주의자에 가깝고, 자유를 이념화할 경우 종교는 성립되지 못한다. 대체로 종교적 감성이나 '자기 구제'의 희망이 빈곤할 때에는 개인주의화하는데, Y는 좋은 의미의 개인주의자, 자유주의자쯤으로 보인다. Y는 자기 신념에 충실한 편이어서 그동안 살아온 윤리나 규준을 버리고 공동체주의자가 된다거나 혹은 어느 특정한 종교를 향해 회심할 것으로 기대하긴 어렵다. 그는 꽤 완강하게 자기 신념을 지키고 살아왔으며 또한 그런 생활 방식의 그늘 아래 살아갈 듯하다. 학부에서 종교

학을 전공한 바 있는 J에게서는 언뜻 공동체적 관심을 기대할 수도 있겠지만, 소외된 여성적 현실을 길게 겪고 탐구하면서 그 관심은 여성적 연대성solidarité féminine으로 변모했다. 그녀에게 사적으로 가톨릭 신앙이 있는지는 모르겠지만 대사회적 실천 속에서 두드러져 보이진 않는데, 만약 그녀에게 은폐된 신앙이 있다면 이는 그녀의 사회정치적 진보성과 어우러져서 속 깊이 발효하고 있을 수도 있다.

조각난 지혜로 세상을 마주하다

'사랑, 그 환상의 물매', 혹은 사랑은 왜 실패하는가?

이번 달의 서숙 강연은 "사랑, 그 환상의 물매, 혹은 사랑은 왜 실패하는 가?"입니다. 같은 제목의 내 책을 교재로 삼지만, 현장에서 따로 강연 유 인물을 배포합니다. 책 제목은 환상幻想의 기울기에 의해 변해가는 사랑 의 형식과 추이를 추적하는 것인데, 이는 곧 '사랑은 왜 실패하는가?'라는 간단한 물음을 매개 삼아 논의를 구체화할 수 있습니다. 사실 이 물음은 곧 철학과 인문학의 핵심에 가닿는 풍부하고 심오한 화두이기도 합니다. 정신분석학이나 현대 인문학의 여러 성취는 바로 여기에, 즉 인간의 몸과 마음이 사랑에 의해 집약되거나 분열하는 방식을 밝힌 것에 터합니다. 이 강의를 통해 지금에서 확인하곤 하는 사랑의 실패들을 새롭게 이해하고 이를 인간의 조건과 한계에 접속시키며, 이로써 사랑의 탁류濁流와 더불 어 현명해지는 길을 톺아봅니다.

1. 성교 후에 모든 동물은 슬프다

"진핵생물eukaryotes은 유전자를 수직적(세대 간)으로 전달해서 생식하는데 (⋯) 이로써 그 성性은 죽음과 연결된다."
—린 마굴리스, 『마이크로코스모스』

그러나 인간의 성性, sexuality은 자연을 거슬러 죽음과 대결한다. 인간의 성은 죽음을 거부함으로써 성립된다. 인간은 번식生殖에 최적화된 생물학적 만족을 거부한다. 인간은 여느 동물들과 달리 최적화optimization 상태에서 벗어나와 유연한 아마추어가 되었는데, 인간의 영화와 성취는 죄다 이 아마추어 정신이 도달한 중용中庸의 다이내믹스에 터한다. 이 유연성과 밸런스는 그(녀)로 하여금 무엇이든 배울 수 있고, 무엇이든 될 수 있는 보편적 존재를 지향하게 만든다. 인간의 성행위, 혹은 성-관계나 사랑-관계의 다양성은 이러한 유연성에 기초한다. 더 나아가 이 유연성으로 인해 인간은 성인聖人과 악한, 만연한 신경증, 그리고 정신병과 도착증의 주체가 되기도 한다. 인간이 동물의 최적화에 순응했다면 그(녀)는 회유하는 연어처럼 산란/방정과 더불어 제 수명을 다할 것이며, 혹은 정해진 발정기를 좇아 성생활을 제한했을 것이다. 정신분석적으로 말하자면, 선악을 넘어선 주이상스jouissance의 함몰적 단락短絡에만 잠시 머물 뿐, 인간적 환상에 옹위되는 사랑을 누리진 못한다. 그러나 인간의 정신은 유연하며 그 결과적 표현물들은 성이든 혹은 다른 영역에서든 놀랍도록 다양하다.

인간은 발정기도 없으며, (가령 알이 부화하기까지 수십 일간 먹지도 않고 보살피다가 마침내 굶어 죽는 동사리 수컷이나 문어 수컷과 달리) 자식을 낳고도 죽지 않고, 마침내 그 여분의 성적 리비도를 다양하고 정교하게 재활용(?)함으로써 문명 문화의 금자탑을 이루었다. 그러나 이러한 성취의 음화로서, 인간의 성행위에는 슬픔이 따르게 되었고—'모든 동물은 성교 이후에 슬프다'—인간의 정신문화적 성취 이면에서는 허무를 피할 수 없게 되었다. 인간의 사랑이라는 이 놀라운 발명품은 바로 이 슬픔과 허무에 접속되어 있는 것이다.

2. 예치預置인가 보상인가

"남성과 여성 간의 적나라한 적대감은 영원하다. 사랑은 양성 간에 조화로운 관계가 없는 데 대한 보상으로 고안된 것이다."
— 딜런 에번스,『정신분석사전』

"그대의 주인에 의해 사랑을 받는다고 해서 그대의 노예 상태가 덜해지는 것인가? 그대는 실로 그저 형편 좋은 노예인 것이다. 그대의 주인이 그대를 사랑하지만, 곧 그대를 때릴 것이다."
— 파스칼,『팡세』

개인적으로 여성들이 나(남자)를 '무서워'할 수 있다는 사실에 눈뜨는 경험은 남성인 내게 충격이었다. 살을 섞을 만큼 지근지처에 있는 존재조차 내 에고의 막膜을 뚫고 공감에 이르기는 어렵다. 동체자비同體慈悲의 보살행은 결단코 쉽지 않다. 타자의 자리에 서는 일은 언제나 어렵고, 심지어 동정심同情心이나 애도의 마음조차 실은 바로 그 타인의 진심을 소외시키곤 한다. 그래서 니체의 말처럼 타인의 고통이나 슬픔은 '배워야' 하는 것이다. (나는 한때 '여자의 말을 배우기'라는 주장을 폈는데, 이는 더불어 살기의 지혜를 구할 때 마음이나 양심에 터하지 않고 정신과 제도가 생성·유지되는 매체인 언어를 중시하기 때문이다.)

여자들은 긴 세월 노예 상태로 살아왔다. 남성 가부장 지배의 역사 속에 길들여진 섹슈얼리티의 심성과 제도는 여성 상위를 말하는 작금의 개인주의 사회에서도 여전하다. 중세의 마녀사냥에서부터 도심 속의 혐오살인과 데이트폭력에 이르기까지 여성들의 공포와 적개심은 뼛속에까지 응결되어 있다. '사랑'이라는 비교적 최근의 발명품은 곧 관능적 사랑을 말하지만, 그러나 관능은 이 공포와 적개심을 충분히 희석하거나 긴 시간 가리지 못한다. 정신분석적 연구에 따르면, 남녀 사이의 적대감을 일시적으로 억압하는 이 관능적 사랑은 오히려 은폐된 폭력성의 현실적 매개가 되거나 출구로 작동하기도 한다. '여편네 아니 걸린 살인 없다'는 옛 속담은 거꾸로, 관능적 사랑에 빠진 여자들이 얼마나 폭력에 취약할 수 있었는지를 반증하고 있다. 여자가 살해당할 때 그 범인의 절대다수는 남편이거나 애인이라는 통계는 너무 뻔뻔하고 역력하지 않은가.

조각난 지혜로 세상을 마주하다

3. 사랑 혹은 관능의 전략

"사랑은 여인의 직업이 아니라 그의 운명인 것이다."

— k

'상업은 유대인의 직업이 아니라 그의 운명'(아도르노, 『미니마 모랄리아』)이라고 했듯이, 사회적 약자들은 고객(권력자와 자본가)의 눈치를 살피면서 도생圖生할 수밖에 없다. 관능적 사랑이란 여성들에게는 권력도 자본도 얻지 못한 시절의 사회적 운명이었던 것이다. 그래서 물개나 침팬지처럼 수컷 권력자는 암컷을 독식하곤 했다. 모로코의 황제 물레이 이스마일(1672~1727)은 젊은 처첩 500여 명을 거느리고 무려 880여 명의 자식을 낳았다고 했다. 이런 식의 독과점은 이미 과거의 유물이긴 하다. 하지만 앞서 말한 바 관능적 사랑의 딜레마에도 불구하고, 사회적 약자인 여성들은 여전히 그러한 사랑의 형식 속에서 도생하고 심지어 입신의 영달을 꾀하기도 한다.

긴 세월 동안 남녀 간의 결합은 평등한 개인들의 일대일 관계가 아니었다. 그것은 아예 '사랑'조차 아니었다. 가령 고대 그리스의 시민(남자)들은 여자와의 관계를 가정 관리와 생식에 제한했고, 사랑이라는 '세련된 감정의 교류'는 남자들 사이의 일로 여겼다. 혼인은 대개 재산의 문제, 신분의 문제, 가문의 문제, 그리고 권력 표시에 관한 문제였다. 사랑과 혼인이 기울어진 운동장에서 벌어지는 비대칭적 게임이라는 사실을 알면서도 여성들이 이 관능의 전략을 포기할 도리는 없다. 이 전략의 원형은 '과시'하는 남성들 사이에서 사회적 약자의 전형적 술수인 눈치와 꾀를 통해 '선택' 하는 일이지만, 이 과시−선택의 이치는 늘 어긋나는 법이고 환멸은 멀지 않다. 관능적 매력은 욕망의 일반론처럼 오직 상대를 바꿈으로써만 근근이 유지되는데, '욕구가 충족되면 사라지는 게 관능적 사랑의 운명'(프로이트)이기 때문이다. 라캉의 말처럼 욕망이 특정한 대상을 향하는 게 아니라 막연하고 분산된 과정 그 자체라면, 이 과정을 이해하고 호혜적으로 관리하는 현명한 사랑은 이 관능의 차원을 보완하거나 인간적 성숙으로써 더불어 살기의 지혜를 익히는 일일 것이다. 그러나 지배의 기억에 지펴 있는 남성들과 노예의 공포에서 벗어나지 못한 여성들의 만남과 동거는 언제나 쉽지 않다. 남녀는, 그 흔한 비유처럼 그들의 기원('금성/화성에서 온 남자/여자')의 차이에서 유래하는 오해와 갈등의 관계가 아니다. 그들은 내내 함께 살을 맞대고 살아왔지만, 권력의 층차에 따른 모진 폭력의 기억 탓에 같은 말을 쓰지 않고 같은 세계에 살고 있지 않은 것이다. 예나 지금이나 현명하고 자상한 개인들이 없진 않지만, 이들 또한 남녀 관계를 규정해온 역사구조적 틀거리와 제도에서 완전히 벗어날 수 있을까.

조각난 지혜로 세상을 마주하다

4. '사랑 – 관계'는 없다

"주체 간 성적 관계는 없다. 단지 한 주체와 한 부분대상 사이만 존재할 뿐이다."

— 자크 라캉, 『에크리』

(특히) 남자(수컷)들이 여러 여자(암컷)를 성적으로 탐할 수 있는 이유의 생물학적 밑절미는 자신의 씨를 퍼뜨리려는 진화론적 이기심으로 잘 설명된다. 물론 인간의 섹슈얼리티는 이미 생식生殖의 차원에서 해명되지 않는다. 인간종의 정신문화적 진화는 자발적 퇴행과 자기 절멸까지 마다하지 않을 지경에 이르렀다. 인간의 섹슈얼리티는 여타 동물의 형태로부터 바로 그 문명의 거리만큼이나 멀어져 거의 변태적·도착적倒錯的이며, 또한 그 속에서 새로운 정상성을 갱신하고 있다. 이것은 영장류 암컷 일반의 연속적 오르가슴multiple orgasms의 사회적 필요가 없어진 것과도 궤를 같이한다. 인간의 성적 행태가 사회문화적으로 규정되는 가운데 성적 쾌락이 그 진화론적 기능과 무관하게 물화reification되면서 거대한 상업적 네트워크를 형성해왔다.

일부 정신분석학자나 성심리학자에 따르면 특히 남자는 성애의 대상이 되는 여자를 '통새미로' 사랑하거나 즐기지 못한다. 관능적 사랑의 경우 그 대상은 영혼도 인격도 성격도 혹은 어떤 정신적 가능성도 아니다. 과잉심리화된 남자는 '품 안의 현실적 여자'와 생물학적으로 일치하기를 거부하고, 그 여자에 부속된 대상 아(**a**)(objet autre)와의 관계를, 그 불가능한 관계를 추구할 뿐이다. 그리고 이 관계의 전형적인 양상은 지젝의 표현처럼 '지연遲延과 황급함'이다. 부분대상을 통해 매개된 남녀의 성관계는 주체적이며 평등하고 인격적인 소통이 아닌 셈이다. 남자의 성욕은 여자의 인간 주체를 향하지 않는다. (이와 대조적으로 여자의 성욕은 자기 자신을 바로 그 성애의 자리에서 이탈시킴으로써 남자의 욕동을 매개, 연기, 유지시킨다.) 관능적 사랑 속에서는 그 상실된 여성적 주체의 자리를 대상 a가 대신한다. 그것이 젖가슴이든 항문이든 입술이든 혹은 음성이든, 욕동의 첨단이 향하는 곳은 늘 부분대상일 뿐이다. 최소한 남자의 성욕은 언제부터랄 것도 없이 물화를 매개로 가능해졌다. 여자가 평등하고 존엄한 주체일 때는 관능이 물러나고, 거꾸로 '마음대로 더럽힐 수 있는'(조르주 바타유) 물화된 부분대상일 때 관능적 욕동은 압축적으로 강화된다. 게다가 뇌과학의 보고에 따르면 뇌 속에서 공격성에 관여하는 신경회로는 성행동의 회로와 긴밀하게 연결되어 있다. 옛말로 고치면, 일도의 성―盜之性이 여전한 것이다. 이 현상은 '정신'을 상대로 성욕을 유지할 수 없는 인간생물의 한계와 조건에 걸쳐 있다. 불경과 헤겔을 읽고, 명상과 적선積善을 하고, 관용을 배우며 낯선 자를 환대하려는 인간들이되, 이미 그들의 성애는 근본적으로 자기모순에 빠진다.

5. '목적이 금지된 성적 충동'의 재활용에 관하여

"사람들을 지속적으로 결합시키는 게 목적이 금지된 성적 충동이다."
— 프로이트

성적 충동의 자유로운 발산을 저해하는 중요한 요소는 질투다. 동서고금을 털어 질투 탓에 죽은 사람의 수는 아무리 적게 잡아도 서울의 인구를 웃돌 것이다. 보노보나 피그미 침팬지 사회에서 엿보이는 비교적 자유로운 성적 교환은 이 질투의 요소를 우회하는 성애의 길을 소박하게 나타낸다. 인간은 계몽과 조화와 '심미화'라는 문명문화적 가공'(노르베르트 엘리아스)을 거쳤고, 도덕적인 정당화의 기제까지 갖추었으므로 이들 침팬지의 길을 전면적으로 수용하기는 어렵다. 그래서 (사회적으로) 금지된 성적 충동, 혹은 관능적 사랑을 질투의 폭력에 노출시키지 않은 채 우회적으로 발산하는 방법을 풍성하고 정교하게 발전시켜왔다. 프로이트의 말처럼, 성적 충동의 목적을 오히려 금지시킴으로써 사람들의 결합을 합법적·합리적으로 장려하고 또한 그 형태를 정교화한 것이다.

예를 들어 (한때 유행한) '교회 오빠'라는 말은 어떤가? 교회란 공인된 모임의 형식이며 전통적 제도를 통해 모임의 합법성을 유지하고, 종교적 아우라까지 지녀 그 모임의 안정성과 신뢰도를 강화한다. 그러나 그 속에는 '오빠'들이 있(었)다. 자고로 오빠란 친

2강 '사랑, 그 환상의 물매', 혹은 사랑은 왜 실패하는가?

여동생을 포함한 모든 여자 동생과 리비도적 결합을 추구하는 가장 전형적인 대상이다. 물론 교회 내의 이 리비도는 억압되거나 변형되어 있고, 오직 그 목적이 금지·승화됨으로써만 이른바 교회-오빠의 자리를 유지할 수 있다. 교회 오빠들과 교회 여동생들은 이 억압과 금지의 게임에 순응함으로써 당대의 허용 가능한 리비도 지형을 혼란시키지 않은 채 한때의 추억을 마련한다. 그러나 교회 오빠들도 언제나 늑대며 교회 여동생들도 늘 여우인 것은 변함없다. '금정金井 놓아두니 여우가 지나간다'고 하듯 굿보다 잿밥에 관심이 돋는 법이고, '대상이 자아 이상을 대신했다'(혹은 욕망의 대상이 모델로 대치되었다)고 하듯 사랑에 눈먼 자는 (신앙)양심의 가책을 느끼지 않기에 '범죄'(관능적 사랑)도 불사하기 마련이다. (구제의 애매함이 아니라 사랑의 실감을 택한 엘로이즈의 선택은, 그래서 한 이상적 전형을 보인다.)

연애나 혼인 제도를 통해 안정화되어 '목적이 허락된 성적 충동'은 전술한바 필경 슬픔과 허무에 봉착한다. 경우에 따라 다르긴 해도 시간의 제물祭物을 피해가기도 어렵다. 제행무상諸行無常이니 뭐니 하면서 범주 오류에 가까운 말버릇으로 현실적 사랑의 면면을 안이하게 황칠黃漆할 필요는 없다. 그러나 관능적 사랑의 시효를 지키고자 질투하면서 속으로 근심하고 밖으로 원망하는內憂外怨 짓을 반복하기보다는 차라리 적극적으로 '목적이 금지된 성적 충동'의 리비도를 좀더 적절하게 이용할 필요가 있어 보인다. 과도한 질투exclusivity와 그 폭력성을 미연에 예방하는 계몽과 지혜의 사회적 관용이 우선 필요하겠지만, 어차피 리비도를 무한정 억압할 방도는 없으므로 '목적이 금지된 성적 충동', 혹은 적절히 규제된 리비도의 문화적 승화에 조금 더 개방적일 필요가 있다.

6. 공동의 노동으로서의 사랑

"행복은 그 자체가 멋진 노동일 수 있다 Happiness itself can be a grand labour."

— 앤드루 솔로몬, 『한낮의 우울』

"불행한 가정은 제각각 다른 이유로 불행하다"(톨스토이, 『안나 카레니나』)고 하듯이 현실적으로 사랑이 실패한다면 그 소소하고 세세한 이유는 헤아릴 수 없을 것이다. 그러나 사랑의 (거의) 예고된 패착을 연기하거나 회피하면서 조금이나마 나은 사귐과 동거를 도모하려면 무엇보다 '공동의 노동으로서의 사랑 Love as a communal labor'이라는 개념을 체득해야 한다. 사랑의 관계는 실제로 평등하지 않지만 다른 한편 아무런 강제적 예속도 없어야 한다. 그것은 호혜를 향한 꾀바르고 관후한 노동의 결실이다. 나는 이런 형식의 동무 관계를 오랫동안 '현복지'(현명한 복종과 지배), 혹은 '겨끔내기의 노동'이라고 불러왔다. 사랑이라는 비현실적 이상理想을 향해 두 사람은 번갈아 어떤 현명하고 상보적인 노동들을 하면서 협치協治(!)를 꾀하는 것이다.

멀리서 돌아보는 사랑은 한편 덧없다. 덧없는 문화로 뒤발한 인생이나마 가장 소중한 환상은 사랑의 기쁨이다. 무상無常의 이법을 터득했다 한들, 그것이 무상하고 덧없기에 더 아쉽게 낭비된다는 사실을 애써 무시할 필요는 없다. 탐닉하거나 환멸하기 전에

조각난 지혜로 세상을 마주하다

'비용'을 숙고해보았는가, 물어야 한다. 관능과 사랑을 멀리하는 수행자들도 그 기쁨을 이데올로기적으로 폄훼하기 전에 스스로 그 화락和樂의 '비용'을 지불할 의사가 있었는지를 물어보아야 마땅하다. 여러 통계에 의하면 남자는 여자를 보는 순간 단번에 '사랑에 빠지'곤 하지만, 여자는 그 남자의 자원資源과 능력에 관한 더 많은 정보를 기다린다. 하지만 둘 다 자기 비용에 관한 사유나 준비가 빈약하다는 점에서는 대동소이하다. 남자든 여자든 사랑의 과정이 부팅되는 것과 함께 자신이 치러야 할 여러 '인간적' 비용을 맹성하거나 조금씩 실천해야만 한다. 애초 이런 비용에 책임을 느끼고 그 부담을 꾸준히 실천하는 관계일수록 차후에 관계가 어긋나거나 허물어져갈 때 속절없이 지불해야 하는 가외 비용을 줄일 수 있다. 요컨대 사랑의 뒷배로서 소통 가능성과 신뢰를 높여야 한다. 신뢰는 그 자체로 가장 중요한 사회적 자본이기도 하지만, '사랑이 깊을수록 비용이 높은甚愛卽甚費'이 특이한 관계를 오해와 어긋남에서 구제할 수 있는 가장 유용한 길이기도 하다. 연인들은 늘 현재 속에서 허우적거리므로 시간의 딸인 신뢰의 구축에 게을러지지만, 어느새 길어지면서 누수漏水하는 사랑을 구제할 수 있는 거의 유일한 인간관계적 보험은 신뢰밖에 없기 때문이다.

사랑의 행복은 어느 계기에 획득해서 쟁여놓을 수 있는 게 아니다. 그것은 현명하게 유지하고 쉼 없이 '관리'해야 하는 과정이다. 나는 이 과정을 '공동의 노동으로서의 사랑'이라고 부른다. 사랑의 관계 역시 사람의 일이므로, 매사에 온갖 소소한 노동이 요구되며, 그 노동은 언제나 균분均分을 지향해야 한다. 여기서도 '많고 적음을 근심할 게 아니라 고르지 못한 것을 근심해야不患寡多而患不均' 하는 법이다. 그러나 균분도 기계적이거나 자본주의적 거래일 수는 없다. 그것은 언제나 관후함의 꾀에 의지해야 한다. 좋은 것의 적敵은 더 좋은 것Le mieux est l'ennemi du bien이기 때문이다. 상대가 뛰고 있으면 누워 있지는 않도록 조심해야 하며, 상대가 사과를 깎아 건네주면 시늉이나마 맛나게 먹어야 하고, 상대의 슬픔과 기쁨에 동참하며 공감하는 태도를 익혀야 한다. 그리고 그 사이사이마다 나의 개입이 어떻게 이루어지고 있는지, 그 개입으로 인해 노동의 균분과 관계의 조화에 어떤 영향이 생기는지, 습관처럼 잠시 자신의 호흡과 동선을 멈춰보아야 한다.

7. 말과 살로써 사귄다

'기나긴 대화로서의 혼인.'
― 니체

"말을 교환하고 사랑을 교환하고 거래하는 게 바로 인간의 정의다."
― 우치다 다쓰루内田樹

얼마 전까지만 해도 이성 간의 대화는 불필요했고, 따라서 불가능했다. 대화는 주체를 거듭 세움으로써 원초적 관능을 견제하거나 방해하기 때문이다. '이성 간의 친구는 가능한가?'라는 소박한 의문은 이러한 한계를 되묻는 것이다. '자아가 문법의 주박呪搏 아래 있다'(니체)고 하듯 말이 바뀌면 관계 역시 바뀌는 법이다. 생식生殖과 달리 섹슈얼리티는 말을, 대화를, 그리고 이로 인한 관계의 지속을 요구한다. 그러나 사랑의 그림자 아래 이루어지는 대화의 다수는 여분의 것, 짧은 수명의 과장과 찬탄, 섣부른 미봉, 무책임한 동일화, 모방과 질투, 변화에 등돌림으로써만 가능해지는 낮은 지절거림들이다. '몸은 말을 싫어한다'고도 했지만, 벗은 몸을 상상하는 말은, 주이상스의 불꽃이 옮겨붙은 말은 이미 대화가 아니기 때문이다.

내가 '말과 살로써 사귀라'(『사랑, 그 환상의 물매』, 2004)고 한 이유가 여기에 있다. 그것은 벗은/벗을 몸과 더불어 말하는 법을 익히는 일이기도 하다. 벗은 몸들과는 말하지 않(못하)던 길고 긴 인류의 습벽은 깨질 수 있을까. 바로 여기에 '대화로서의 사랑'의 이념이 자리한다. 말이 다만 살을 호출하는 요령搖鈴이 아니라 살을 보조하고 보우하며 살을 빛내는 사랑의 묘약(?)이 될 수 있는 길은 없을까? 유성생식(13억 년 전) 이래 암수의 교합이 생식에 집중한 상태로 유구했지만, 인간이라는 이 언어적 존재homo linguisticus는 말과 대화의 문화를 통해 연정과 성애를 안정적 행복의 길로 재배치할 수 있을까? 성숙하고 관후한 인간들 사이의 대화는 성애의 슬픔과 허무를 얼마나 위로할 수 있을까?

조각난 지혜로 세상을 마주하다

첨기 1

'함께 불행해질' 준비를 하라

'함께 불행해지자…… 사랑한다면!'

— 영화「해협海峽」(2007)

연인戀人들이 함께 행복해지는 것은 불가능하다. '함께'라고 했지만, 이미 행복은 평등의 자리에 존재할 수 없기 때문이다. 평등을 욕심내는 자리자리마다 불만과 불행이 싹트게 되어 있으므로, 불평등의 물매를 버텨내는 꾀가 언제나 아쉽다. 행복의 풍경은 관련되는 마음들을 안이하게 분열시킨다. 행복은 제 몫을 요구하며, 쾌락의 양量을 재고, 어느새 복수한다. 그래서 "내가 사랑했던 자리마다 모두 폐허"(황지우,「뼈아픈 후회」)가 된다. 연인들이 행복을 구하는 일을 그 누구라도 타매할 수는 없다. 아니, 힘써 행복을 구해야 한다. 그러나 영웅적인 정신에 비극이 필요한 것처럼, 사랑은 그 진정성을 오직 비극 속에서만 벼린다. 인간만이 절망인 세속에서 사랑한다면, 함께, 당당히 불행해지는 수밖에 없다. 무릇 연인이란 '죽음의 높이를 마주하면서 공동체가 성립하듯', 불행의 깊이를 마주하면서 함께 서는 노릇이기 때문이다. 그러나 대체 그 '깊이'를 누가 알 것인가.

'여자의 마음'

이 주제에서 '여자의 마음'은 특별한 위상을 갖는다. 물론 그것은 사회적 강자인 남자와의 관계 속에서 이루어진 현상이다. 사회적 약자, 심지어 노예의 일종으로서의 여자는 공적 생활에 개입해서 사회를 경영하거나 개조할 수 없을 뿐 아니라 자기만의 사생활을 공고하게 가꿀 수도 없었다. 자고로 노예란 공적 생활에서 배제되었을 뿐 아니라 변변한 사생활조차 없는 존재인 것이다. 과거 한때 어느 곳에서 여자를 사랑의 상대가 아니라 생식生息의 매체로 여긴 것도 사랑romance이 말과 살로 이루어진 극히 사적인 행위이기 때문이다. 그러나 사람이 사람인 이유는 그(녀)에게 사사로운 게 있기 때문이다. 이 사사로움의 조건은 '자기만의 방'일 수도 있지만, 원천적으로는 '마음'이다. (그래서 가부장제 아래의 '여자는 문지방을 넘으면서 열두 가지 생각을 한다'.)

나는 오래전 어느 동물원 늑대들의 불안한 움직임과 먼 곳을 향하는 그 눈매 속에서, 마치 무슨 마음의 씨앗이라도 읽어낸 듯한 동정적 착각에 휩싸인 적이 있다. 그러나 동물들의 이른바 일차적 의식(제럴드 에덜먼)에는 과거의 서사를 세세히 회억할 능력이 없고, 그러므로 사사로운 추억을 내장할 마음이 '빈약'하다. 구경꾼들에게 완전히 노출되어 있는 늑대의 집과 자신만의 비밀을 간직할 처소가 되지 못하는 빈곤한 마음으로 인해 이 동물의 사생활은 없어지고 그들의 처지는 완전한 노예의 것이 된다.

하지만 여자는 어느 한때 완전한 노예 상태에 있다 해도 마음의 방을 가짐으로써 노예에게는 허용되지 않는 사생활을 내적으로 구성한다. 벤야민은 나치가 파리를 점령했을 때 구금 상태에 있으면서도 자신의 '꿈을 기록'했다고 하는데, 일기나 꿈속은 그야말로 약자들의 전형적인 골방이 되어 사사로움을 유지할 수 있는 최후의 보루가 된다. 여자의 마음이란 바로 그런 것이다. 그러므로 여자를 지배하는 남성 가부장들에게 초미의 관심거리, 혹은 변함없는 불안 거리가 되는 게 바로 이 '여자의 마음'이다. 세계를 빼앗긴 여자는 마음을 중층화中層化함으로써 자신만의 비밀을 유지하고, 이를 사생활화한다. 귀족과 양반은 제집에서 부리는 비자婢子를 겉으로는 뜻대로, 욕망대로 할 수 있을지 모르지만, 아무래도 그 여종의 표정이, 말의 뉘앙스가, 그 운신의 기미가, 그리고 전체적인 느낌이 왠지 이상하거나 수상하다. 자신의 생활을 죄다 감시받고 통제당하는 하녀라도 이미 그 '마음'은 통제선의 바깥으로 외출하고 없는 것이다.

남자는 여자의 옷을 벗기고자 최선을 다한다. 옷만 벗기면 온전히 자기 것으로 품을 수 있으리라는 망념은 오래된 것이다. 가부장 남자는 발가벗은 여자의 몸을 자신의 나와바리縄張り 속에 묶어놓고 또 다른 정복을 향해 외출하지만, 바로 그사이, 여자의 마음은 그 남자보다 빠르게 외출하고 없다.

3강

자기 구제로서의 공부길,
'부분 구원'이란 무엇인가?

이번 강의는 "자기 구제自己救濟로서의 공부길: '부분 구원'이란 무엇인가?"라는 주제로 엽니다. 이 강의는 공부의 실효實效와 실덕實德을, 그리고 그 실효가 학인의 (종교)실존적 고민에 어떻게 이바지할 수 있는가를 묻습니다. 대학이 이 문제를 치지도외하며, 종교 일반이 틀에 박히고 낡은 교리적 문답에 머물러 현대인의 삶에서 소외된 터에, 삶과 죽음의 지남指南을 얻고자 하는 여러 학인에게 구체적인 도움이 되고자 합니다. 이미 종교 간의 갈등과 모순이 심하고, 이른바 '시스템화'된 종교 체계가 현대 과학의 성과는 물론 현대인의 상식적 교양으로부터도 내몰리고 있는 실정인 데다, 난립하는 수행처와 종교 공동체들은 '진정성을 확보하기 위해 외려 스스로 황당기괴荒唐奇怪해지는' 지경을 마다하지 않고 있습니다. 이같은 형편이지만 대학은 자본주의의 첨병이 되어 제 꼴을 건사하기도 쉽지 않고, 스스로 정한 오연한 제도적 설정에 막혀 이런 문제에 손을 내밀지도 못하고 있습니다.

불교와 기독교는 워낙 고苦(생로병사)와 죄罪의 문제를 중심으로 인간의 실존과 초월성을 다스려왔지만, 한국적 상황은 어느 곳이든 상술商術과 암둔闇鈍이 창궐해서 그 종의宗意를 실현시키기 어렵고, 게다가 광의의 문화생활을 '종교적'으로 반복하고 있는 현대인의 삶의 지평에는 '허무'가 더 무겁게 자리합니다. 이에 공부길로서 자신을 구제하려는 이들은 과학과 종교적 수행의 장단과 명암을 고루 살피고 따져, 스스로의 실천이 주는 변화로써 문화적 인간der letzter Mensch의 허무를 타파하고, 공부길의 자득과 지혜의 빛에 의탁해 삶과 죽음을 온전히 겪고 넘어갈 수 있는 마음의 경계를 얻고자 합니다.

1. 공부길, 좁은 길, '조각'난 길

구제 혹은 구원은 대개 종교의 몫이었다. 종교야말로 인간의 실존적 상황과 그 위기에 적극적, 노골적으로 대처해왔기 때문이다. 불교는 생로병사의 고苦를, 기독교는 (원)죄罪를 주제로 삼아 주체적 깨달음과 대속적 믿음의 교리를 대안으로 제시한다. 그러나 한국 사회의 양대 종교는 신뢰와 실덕을 잃어가고 있고, 특히 틀에 박히고 낡은 담론으로 현대인의 교양과 관심으로부터 소외를 자초하고 있다. 게다가 대개 정신건강법의 일종으로 회자되는 불교적 기풍이나 정치적 보수주의와 결착해서 구동시키는 개신교적 열정은 이미 종교실존적 취지에서 멀어져 있다. 이 틈에 난립, 횡행하는 종교 공동체와 수행처들은 자신의 정당성을 얻기 위해 기괴한 교리와 비합리적 운영을 마다하지 않는다.

지식을 전매專賣해온 대학은 이 사태에 개입할 능력도 의지도 없어 보인다. 자본주의의 첨병이 된 데다, 근년의 외부적 요인이 겹치면서 자기 세일즈에도 힘겨운 꼴이다. 그 사이의 좁은 길狹い道을 길게 걷는 중에, 인간과 세상을 공부하면서 그 한계와 조건을 알고 새로운 삶과 정신의 가능성을 톺아보려는 학인들에게 지남과 희망이 될 만한 것은 무엇일까. 각자 자기 골몰의 함정에서 빠져나오지 못하는 미신과 과학 사이에서 최선의 지혜와 준비를 담은 정신으로, 애착도 원망도 없이, 삶과 죽음의 한길을 일매지게 걸어가도록 돕는 공부는 무엇일까?

나는 공부길을 인간의 실존적 관심이나 구제와 관련시킴으로써 선발과 세속적 입신에 치우친 대학의 외부를 탐색한다. 아울러 기성의 종교적 전통과도 긴장 어린 참조 관계를 유지함으로써 '좁은' 길을 자임한다. 그러나 종교의 구제 교리가 낡은 체계화, 정전화의 틀에 파묻혀 현대인의 삶으로부터 소외되었고, 심지어 현대 과학의 성과와 불필요한 경쟁 및 마찰을 빚어 교양인 다수의 질시와 조롱을 받고 있다. 이에 나는 대학 안팎과 종교 안팎을 두루 살피면서 인류의 지혜와 경험을 좇아 죽음 그 너머에까지 이어진 (질) 공부길의 지평을 융통해보고자 한다. 이 길은 종교의 전 포괄적 체계성all comprehensive systematicality이나 대학의 오연한 무관심에서 벗어나, 마치 절름발이 자라跛鼈처럼 부지런히 나아갈 뿐이니, 이를 일러 '조각난' 길이라 부른다.

조각난 지혜로 세상을 마주하다

2. 종교와 전체성의 향수

구원은 언제나 존재의 전체를 지향한다. 이 전체성을 전담한다고 자부해온 제도가 곧 종교다. 무릇 종교는 존재와 영혼, 삶과 죽음의 전체를 책임질 수 있을 것처럼 강변한다. 이 전체성에 관한 교리들은 곧 무오류성infallibility의 신화에 이어져 있기에 그 변증의 기술이나 고집은 때로 망상과 자기 해체까지 불사한다. 부분적 개선piecemeal improvements 만으로는 종교의 종지에 이르지 못한다고 여기는 이유다. 그래서 공부는 늘 한갓 자기한계 속의 미봉彌縫으로 보인다. '우주는 변화이며 인생은 의견'(마르쿠스 아우렐리우스)이라는 열린 자세로, 검토받지 않은 전제나 교리 없이 한 걸음 한 걸음 더 나은 지견知見과 행위를 구하고, 이를 통해 필경 자기 삶을 구제하려는 공부길은 아무래도 '부분적'일 수밖에 없기 때문이다. 이로써 전체성과 전일성에 대한 인간의 (자연스럽고 편이한) 소망은 종교에 흡수되곤 한다. 게다가 기복화祈福化로 흐를 수밖에 없는 삶의 뻔한 조건과 한계 속에서 믿음이나 기도 중심의 종교적 실천은 가장 안이한 해답이 된다. 이들에게는 칸트의 말―"믿고 고백하는 것 그 자체를 통해 우리가 신의 마음에 들 수 있다고 생각하는 것은 위험한 종교 망상이다"(『이성의 한계 안에서의 종교』)―따위는 아무래도 좋은 것이다. 대체로 믿는 것은 쉽고 아는 것은 어려운 일이며, 또 아는 것을 긴 걸음으로 옮겨 실효를 내는 일은 더 어렵다.

부처가 되어 생로병사의 고통에서 해탈한다거나 신神의 자녀가 되어 영원한 복락을 누리겠다는 식의 발심은 오롯이 존재의 전체를 향하는 '전체 구원'의 열망에 이른다. 이는, 인류에게 알려진 지식과 경험을 현명하게 배치하고 융통해서 최선의 판단과 전망 아래 책임 있는 삶의 방식을 구하려는 '부분 구원'과 다르다. 전체 구원의 체계는 늘 '아는 체' 해야 하지만, 부분 구원의 길은 차라리 '어리눅은 체'하는 길이다. 그러므로 전체성의 열망은, 그 모든 열망이 그러하듯이 무지無知에 터한 채로 행복과 안락, 심지어 죽음의 해결을 꾀한다. 쾌락 일반이 무지에 기대는 이유는 그 비용 탓이다. 가령 모든 사람을 다 천당에 보낸다면, 하루에 열 끼씩을 먹어야 한다면 쾌락은 금방 줄어든다. 쾌락은 늘 '비교적'이며, 자신의 비용이 줄어야 쾌락이 높아지는 법이다. 사람의 일에 공짜는 없는데도, 사랑이나 신뢰나 복락이나 구원의 문제 등에서 사람들은 흔히 값싼 것에 쏠리는 것이다. 그러나 '아찔하는 어지럼증이 없는 약으로는 낫게 하질 못한다若藥不瞑眩厥疾不瘳'. 지구상, 역사상 그 모든 종교가 선전하고 있는 전체 구원의 기획은 과욕이다. 그것이 과욕인 이유는 값싸게 얻고자 하기 때문이며, 무엇보다 무지에 터하기 때문이고, 게다가 그곳은 좁은 길이 아니기 때문이다. 그래서 쏠려서 믿고, (남에게) 맡겨서 믿고, 밑져야 본전이니 믿곤 하는 것이다.

'전체성은 비진리Das Ganze ist das unwahre'(아도르노)라는 지적처럼, '서양 철학과 사상은 어디서나 전체성의 향수鄕愁를 지니'(레비나

조각난 지혜로 세상을 마주하다

스)면서 진리를 독점하고 전매한다. 당연히 이 전체성의 향수는 종교에서 그 극치를 보인다. 이 종교들은 모조리 아는 체하고 온전히 구원할 수 있는 체한다. 교리가 사이비화될수록 구원을 향한 강도도 높아진다. 30년 동안만 구원해준다거나 네 영혼의 30퍼센트만 구원해주는 종교는 없다. 혹은 주중에는 지옥에 있다가 주말에만 천국으로 보내주는 종교적 교리도 없다. 종교들은 대체로 '몽땅 세일'에 나서고 있는 것이다. 소비자 대중이 세일에 쏠리는 것처럼 신자들도 세일에 몰린다. 그러나 믿음과 깨침이라는 자의적 심리 도식에 의한 '세일'주의적 종교는 '악평등'의 모순을 결코 피할 수 없다.

반면 공부길이 희망하는 구제에는 세일이 없다. 대리代理도 연좌連坐도 없어, 오직 개인의 실존적 개별성이 한 걸음 한 걸음 제 몸으로 온전히 나아가면서 스스로 얻어내야 한다. 세일만 없는 게 아니라 인생과 존재에 관한 개인 학인의 식견은 늘 조각조각 부분적이며, 제 비용을 요구하고, 심지어 구원에 대한 '약속'조차 하지 못한다.

3. 무례로부터의 구제, 혹은 유교

이와 대조해서 본다면, 동아시아 전통에서는 익숙한바, '삶도 모르는데 죽음을 어찌 알랴未知生焉知死'(공자)라거나 몰이녕歿而寧과 같은 부분적 테제로 접근하는 것은 일면 낯설기도 하다. 그러므로 이 전체−부분의 관점으로 보자면, 불교나 기독교 계열에 비해 유교의 종교적 위상과 성격은 새롭게 분명해진다. 그러니까, 우선 공자는 '모른다'고 말한 점에서 싯다르타나 예수와 같은 교조教祖보다는 차라리 소크라테스('너 자신을 알라')에 가까워, 이들을 동서양 철학사의 비조鼻祖로 내세우는 게 당연해 보이기도 한다. 중화권에서는 그를 일러 대성大聖이라 하지만, 그는 필경 공부하는 선비인 것이다. 제자인 안회顏回의 요절을 두고 무력하고 속절없이 슬퍼한 사실마저 그가 석가나 예수와 얼마나 다른 길을 걸었는지를 잘 보여준다. 공자는 죽은 안회를 되살리려 하지도 않고 죽음 이후의 삶에 관해 무슨 언약을 정하지도 않는다.

그만큼 유교는 본격적인 종교로서는 덜 매력적이다. 거기에는 신도 천국도 없으며 하다못해 '초월성'에 대한 관심조차 잘 보이지 않는다. 정명석이나 이만희나 혹은 문선명과 같은 매력적인(?) 구세주도 물론 없다. 베버를 좇아서, '무례discourtesy로부터의 구제로서의 유교'라는 테제를 살피면, 불교나 기독교의 주된 관심사가 한결 도드라진다. 이와 비교해서 생로병사로부터의 구제라거나 죄로부터의 구원이라는 테제는 우선 비현실적이기도 하지만,

　　　　　　　　　조각난 지혜로 세상을 마주하다

세속의 삶을 적극적·창의적으로 개선하려는 의지가 원천적으로 박약할 수밖에 없다. (세속의 직업노동을 통해 초월신교의 명제들을 도시인의 일상으로 끌어들인 일부 개신교적 행태는 논외로 한다.) 그러나 이 유교적 테제는 왜 생로병사가 고苦로 표상되며, 원죄罪가 문제의 근원이 되는지에 관해 전혀 다른 입장에서 비평적 시각을 보인다. 유교는 '삼가도 예에 맞지 않으면 상스럽다敬而不中禮卽野'고 했다. 역사와 전통을 중시하고 지남으로 삼을 뿐, 그 너머에 대해 특별한 관심을 쏟지 않는다. 신의 존재에 관해서는 공경하되 멀리한다敬而遠之고 했고, 신보다 사람을 섬기는 데 더 치중未能事人焉能事鬼했다. 극기복례해서 인을 이룰 수 있으면克己復禮爲仁 그만이지 군이 초월성을 구하려 하지 않는다. 유학으로 보자면, 도교든 불교든 공산주의든 기독교인이든 죄다 무례한 쌍놈非禮常人의 일종일 뿐이다.

"날마다 의례儀禮를 접하는 것, 이것이 우리 삶의 질서를 온전히 잡아준다"(조지프 캠벨)고 했는데, 삶의 질서를 만들고 이를 (거의) '형이상학적으로' 실천하는 것이 곧 유교적 구제일 것이다. 의례가 초월적 경험과 맺는 관계는 애매하고, 그것은 삶의 전부를 통섭하지도 못한다. 게다가 유교는 무수한 여느 종교와 달리 죽음 이후에 관한 담론이 빈곤해서, 늘 과도한 설명과 해석을 요구하는 종교적 심성에 적절히 부합하지도 못한다. 그러나 역사와 전통을 배경 삼아 의례적 배치와 조화에 신중하고, 모르는 것을 모른다고 하며 '아직 오지 않은 것을 점치지 않는莫測未至' 태도야말로 '부분적 구제'의 기본이 되지 않을까. 실없는 믿음과 상상과 문제들에

골몰하며 불안해하기보다 차라리 '의례'에 터를 두는 삶의 방식에 견결한 게 한 걸음 더 현실적인 구제에 다가서는 것이 아닐까. 종종 "(어떤) 인생의 문제들을 해결하는 방식은 그 문제들이 사라지게 하는 방식으로 사는 것"(비트겐슈타인)이 최선일 수 있으니까 말이다.

4. 과학적 담론의 자리와 부분적 구제

전체성의 향수에 포근히 기대려는 인간 심성을 서늘하게 일깨우는 것은 역시 과학이다. 종교적 깨침이 대개 전체성 혹은 전일성全一을 단번에 파악하는 직관이라면 과학적 지식은 늘 부분적이며 점진적이고, 그래서 축적적accumulative이다. 이에 반해 특히 종교적 지식의 비非축적성을 주목해야 하는데, 2500년 전, 2000년 전, 혹은 1500년 전에 구전되고 채집된 종교적 언설들이 체계적으로 조직되어 한 세계 전체의 인생관과 윤리관을 구성한 이후 거의 변함없이 수십억 명의 삶을 지배하고 있다는 것은 실로 놀라운 사실이다. 지식의 점진적 증진을 탁월하게 증거해온 과학사의 보고처럼, 지식은 수없이 다양한 사실적 내용에 관여하므로 그 원리상 부분적일 수밖에 없다.

그러므로 십이연기법十二緣起法이든, 신의 사랑이든, 개벽開闢의 소식이든 대양적 느낌oceanic feelings이든 혹은 모종의 전일성이든, 단번에 인생과 우주의 이법을 통으로 깨달았다는 것은, 우리가 그 실효를 보편적으로 믿을 수 있는 과학적 지식의 형식과는 극명하게 다르다. 종교적 깨침은, 더러 인간과 세상에 관한 설명과 주장을 펴더라도 대개 과학적으로 투박하거나 비현실적이다. 내 말로 고치면 '애매한 텍스트'투성이이며, 게다가 그 해석은 자의적이고 심지어 체계적으로 검증을 피하기까지 한다. 인간의 운명을 알거냥하는 짓cafarderie에 취한 이른바 깨달은 이들, 그 반은 어리보기

칠푼이이며 그 반은 야바위꾼이긴 하지만, 설혹 그 깨침에 실속이 있다고 해도 알짬은 오히려 자기 정신의 변화에 있는데, 내 말로 고치면 주로 '자기 개입'에 밝아진 마음의 경계를 말할 뿐이다.

싯다르타나 예수와 같은 이들이 제시한 가르침과 행위는 이후 종교의 형태를 띠면서 체계적으로 교리화된다. 으뜸가르침宗教은 그 실효와 무관하게 2000년이 지난 지금도 여전한 위력을 지닌다는 점에서 가설이나 이론이 아니라 교리이며 정법正法이다. 그것은 인생과 존재의 '전체'를 설명한다는 점에서 부분적이 아니고, 교주나 교법에 의해 확정되었다는 점에서 점진적이거나 축적적이 아니다. 그 구원의 담론은 (비교적) 인생과 존재의 의미 전체를 전유專有한다는 점에서 배타적이며, 그 설명은 체계적이 된다. (물론 자기부정의 정신을 내재화한 중국의 선불교는 이 점에서 유일신교인 기독교와 사뭇 다르다.) 이 논의에서 중요한 점은 바로 이 '설명의 체계화/전체화'다. 즉 인생의 뜻과 우주의 시말행로始末行路 전부를 아는 양전 포괄적 설명의 과욕을 부리면서 종교적 담론들은 현대 과학과 상식으로부터 한없이 멀어져간다. 종교적 체계 속에 특수하게 표상된 채 전해지는 석가모니나 예수는 이미 전지全知한 존재가 되어, 한때 우리처럼 이 땅을 살아간 그들의 구체적인 자의식은 깡그리 망실되었다. 나는 전부터 (인문학적) 공부의 출발점으로 '모른다 – 모른다 – 모른다'라는 테제를 내세운 바 있지만, 체계적/전체적 설명에 집착하는 종교는 한결같이 '안다 – 안다 – 안다'고 주장하는 것이다. 그리고, 인생길과 그 너머에 관한 구원의 위안과 지혜를

조각난 지혜로 세상을 마주하다

구하는 이들은, 비록 그것이 아무리 환상적이며 모순적이라고 해도 죄다 이 '체계적 앎의 담론'에 솔깃해한다.

삶과 존재의 행로나 의미에 관한 앎은 섣불리 체계화될 수 없다. 조각난 앎의 현명한 배치로도 얼마든지 삶은 나아질 수 있으며 그 구제의 걸음도 차츰 굳건해질 수 있다. '체계화된 앎'으로서의 종교적 담론은 언제나 과욕이거나 무명無明을 품고 있다. 이는 여러 종교적 경전의 '내용들'을 통해 확인된다. 지금 이 순간에도 우주와 인생은 변화하고 있으며, 무수한 재능과 열정이 그에 관한 앎을 탐색하고 있고 또 어렵사리 통합하고 있음을 기억해야 한다. 과학사에 많은 시행착오와 반증이 있었듯이, 종교도 스스로 그 체계를 깨고 자기 갱신의 노력을 통해 현대인의 고민과 마주해야 한다. 닫힌 체계는 썩고, 그 체계를 신봉하는 자들은 망한다. 베버가 두 가지 정치적 죄악이라고 지적한 객관성 결여Unsachlichkeit와 무책임Verantwortungslosigkeit은 곧 모든 종교의 죄악이기도 한 것이다. 공부길을 걷는 학인들은 변화하는 세계 속에서 갱신과 성숙의 노력을 통해, 개인의 지식과 직관이 조각나 있음에도 '조금씩' 더 알고 더 변화하는 길을 선택해야 한다. 그 길 속에서만 삶과 죽음을 일매지게 뚫어낼 수 있는 믿을 만한 지혜를 얻는다. 광대무변한 우주 속을 지나가는 이 기이하게 정신적인 존재인 인간에게, 결코 우주와 삶 전체를 다 알 수 없는 인간에게, 그 인간의 구원을 위해서라면 비록 조각나 있으나 '믿을 만한 지도reliable mapping' 정도로 족하지 않을까.

5. 도시인의 허무와 공부길

2000여 년 전 인도와 팔레스타인에 살던 싯다르타와 예수가 '알던' 게 무엇이었겠는가. 빅뱅과 감히 상상할 수 없는 그 억겁의 이전, 그리고 수천 억에 이르는 은하계와 블랙홀과 암흑물질과 만유인력과 상대성이론과 양자이론과 진화론과 미생물 발효와 게놈 기술과 자동차 사고와 젊은이들의 자살, 마약 문제와 사이버 세계와 증강현실과 AI와 로봇들과 생태환경적 위기를 알고 또 겪고 있는 현대의 우리에게 그들이 알고 믿었던 것이 어떤 위안과 지혜를 주는가. 소외와 우울증과 비만과 허무감이 일상이 되어버린 현대의 도시인들에게 생로병사와 죄가 실존적 위기였던 이들의 인생관과 세계관은 어떻게 번역되어 다가올 수 있는가.

2500년 전 싯다르타의 고민은 여전히 21세기 도시민의 것인가를 되물어야 한다. 마찬가지로 '죄 있는 인간homo lapsus'이라는 전제가 인간의 현재와 미래를 규정하는 존재론인지를 솔직히 따져야 한다. 신의 죽음 이후에 건강의 여신이 도래했다는 니체의 말처럼, 생로병사의 담론은 이미 '건강술健康術', 더 나아가 미용술로 변했고, 이와 함께 생체권력을 쥔 직업군으로서의 의사들이 그 과정의 주체가 되었다. 싯다르타의 문제의식은 변화된 사회상과 더불어 의사들의 체계 속에서 그 실질적인 모습을 얻고 있는 것이다. 마찬가지로 신의 존재가 절실하지 않게 된 세속적 도시사회는 스스로의 죄와 구원을 고민하기보다는 건강과 장수에 매달리면

조각난 지혜로 세상을 마주하다

서 '문화생활'의 텃밭에 창궐하고 있는 허무감을 외면하거나 억압하고 있다. 우리 시대 최강의 종교인 '건강의 종교'는 건강한 인간들로 하여금 문화생활에 몰두하는 소비자homo consumens요 문화인der letzer Mensch으로 살아가게 한다. 싯다르타의 고민이나 예수의 문제의식을 듣고 따르던 이들은 소비자도 아니었고 문화인도 아니었다는 사실에 유의해야 한다. 그러므로 소비자-문화인으로 살아가면서 기껏 건강의 종교를 숭배하고 있는 이들 도시민의 실존에 각인된 새로운 문제의식에 주목해야 한다.

종교적 설명과 위안의 토대들이 과학적 세계관과 사회적 안정화의 확산에 의해 무너지고 있으면서도 종교실존적 관심이 자가발전하는 이유는 이른바 '삶의 의미'(빅터 프랭클, 재레드 다이아몬드 등)를 추구하는 게 여전하기 때문이다. 정신은 서사적 움직임이며 이는 의미 생성을 지향한다. 죄나 죽음이나 구원이나 위안의 문제와 달리 삶의 의미란 특별히 도시민의 관심거리다. 베버의 말처럼 "옛 농부나 전쟁영웅은 삶의 소박한 명료성과 충족감 속에서 (살고) 죽을 수 있었"지만, 현대의 도시 소비자들은 문화적 반복 속에서 의미의 신기루를 쫓고 있다. 문화적 소비를 비롯한 그 모든 도시적 소비의 종국은 허무일 수밖에 없고, 이 허무를 마주한 자의식의 최전선에는 늘 의미 생성의 과제가 놓인다.

구제로서의 공부길이란, '자연'과 같은 문화의 바깥을 표방하자는 게 아니다. 그 안팎의 차이가 중요하지 않은 것은 아니지만, 요령은 마음이 자라고 정신이 바뀌는 데 있다. '진화의 핵심은 정신적인 것'(그레고리 베이트슨)이며 인간의 정신은 그 표석標石이 될 것이다. 요령은 인류가 낳아놓은 종교와 사상과 과학의 언설 중 최상의 것들을 가려 배치하면서 마치 조각난 보자기처럼 드러나는 그 지혜의 지도에 의탁한 채 다른 '삶의 양식'을 꾸리고 실천하는 것이다.

조각난 지혜로 세상을 마주하다

6. 죽음 이후의 문제

밝은 관후함 속에서 자기 인생을 살아가며 가능한 한 이웃을 돕고, 바로 그 삶의 힘과 믿을 만한 전망의 빛에 의지하여 차분히 죽음을 맞을 수 있게 하는 것이 곧 공부의 실효일 것이다. 삶과 죽음에 대한 태도, 도덕과 제도, 심지어 육체와 성애性愛마저 호모 사피엔스의 짧은 역사 속에서 쉼 없이 변해왔지만, 종교실존적 관심만큼은 인간적인, 너무나 인간적인 것으로 검질기게 유지되고 있다. 도킨스 같은 과학자는 신의 관념을 망상delusion으로 보고 종교 일반을 박멸(!)하고자 하지만, 옳든 그르든 가능한 노릇은 아니다. 마르크스는 '인간과 인간 사이의 교류와 인간적 소통이 충분히 분명해지면' 종교가 소멸하리라 여겼지만, 필시 세상이 끝날 때까지 '분명'해지지 않을 것이며, '미래의 위험과 불안정에서 생기는 불안을 해소하기 위한 종교의 기능'조차 덜어내지 못할 것이다.

오히려 우선 종교실존적 관심을 당대의 문제의식으로 새롭게 전환시켜 종교의 골동품적 성격을 벗겨낼 필요가 있다. 종교든 사랑이든 변화를 거부하는 것은 사라진다. 그리고 인류의 공인된 세계 종교들(불교, 힌두교, 기독교, 이슬람교, 유교 등) 사이의 교리적 불협화와 행태적 갈등이 시사하는 바를 준엄하게 응시해야 한다. 대륙마다, 지역마다, 문화권마다 판이한 종교 담론을 아전인수식으로 내세우면서 때론 전쟁과 살육을 마다하지 않는 이 어둡고 살벌한 짓을 분별하고 비판할 수 있어야 한다. 세계화니 지구화니 하지만 인생과 존재의 뜻을 말하는 종교실존적 관심에 관한 한 인간은 여전히 텃세를 부리면서 자신만의 사투리로 말하고 있는 셈이다. (나는 지난 10여 년간 짧은 시골생활을 두 차례 하면서 극심한 텃세를 겪었는데, 화성을 식민지로 삼든 불멸의 의학을 추구하든, 인류의 다수는 여전히 '부족적' 심성 속에서 한 치 앞만 근근이 살피며 살아가고 있는 것이다.) 학인이라면, 정신의 표준말을 장담하진 못하더라도 사투리에 애착하는 버릇을 넘어서는 메타적/비평적 시각을 갖추어야 한다. 그리고 그 시각에 도달한 실력 속에서 평온할 수 있어야 한다.

그 사투리의 일부는 죽음 이후에 관한 담론이다. 종교마다 세 교리 속에서 죽음 이후의 풍경을 말한다. 정신과 기억을 뇌에만 국한시키는 유물론자가 있는가 하면, 중음中陰이나 연옥燎獄을 말하고, 극락과 서방정토를 말하는가 하면, 천사천당과 악마지옥을 말하고, 심지어 외계인의 별세계를 말하는가 하면, 자기 체험과 환상 속에서 만난 맞춤형 천국을 역설하기도 한다. 여기에다가 환생이나 전생 체험에 관한 연구가 어느새 대학의 연구소 문을 넘어들고 있으며, 근사체험near death experiences이나 다양한 유체이탈out-of-body experiences에 관한 보고들도 갖은 시사점을 낳고 있다. 귀신들과 UFO의 소문마저 어지럽다. 혼란스럽고 애매한 텍스트들을 자기 욕심과 깜냥대로 해석하는 짓 속에서 사태는 더 곤혹스러워진다.

그리고(그래서) 공부길이 '부분적으로(나마)' 자기 구제의 노릇을 해낼 수 있다면 우선 제 앎과 경험에 정직해야 한다. 종교실존적 관심 영역에는 '애매한 텍스트'가 만연하므로 특별히 '해석'에

조각난 지혜로 세상을 마주하다

신중해야만 한다. 실로 해석이 만사萬事다. 내가 긴 세월 강조해온 '개입'의 문제도 이 해석의 자기기만을 예방하려는 취지가 적지 않다. 쏠려서, 따라서, 혹은 맡겨서 믿는 짓을 그만두고, 삶을 알차고 명료하게 살기 위한 최량의 관련 지식들을 지도화mapping 해서, 이를 실천의 지혜로 돌려轉識得智 스스로의 운명을 책임져야 한다. 삶의 의미나 구원이 문제라면, 앎의 체계성이나 해석의 자의성, 그리고 지혜의 전체성에 농락당하지 말아야 한다. 자신의 삶과 죽음이 과제이므로 무엇보다 스스로 그 형식을 결단해야 하며 이에 따른 책임을 자기 운명의 일부로 수용해야 한다.

자신을 구제하는 공부길에서 얻을 수 있는 지도는 찢겨 있고 나침반은 부실하다. 죽음 이후는 물론이거니와 삶과 우주에 관해서도 공부길은 여전히 '조각난 길'이다. 그러나 신자가 아니라 학인이라면 이 조각들에 담긴 지혜를 모아 가능한 한 구제의 실천에 '부분적으로' 나서야 한다.

성이무거成而無居, 혹은 무명의 첨단에 서서

자궁에서 나오기 이전을 알지 못하고 주검 너머를 알지 못한 채, 좁지만 현명한 길을 더듬는다. 알거냥하면서도 처져 있다면 그것은 가짜이지만, 어리눅은 체하면서도 앞서 있다면 그것은 운명이다. 과거의 애씀을 멀리하고, 신문 잡지 쪼가리나 남의 주둥아리 소문ロコミ에 연연하는 마음을 없앤 채, 조각난 빛이 새어 나오는 무명無明의 첨단尖端에 서서 걷는다. 모른다 - 모른다 - 모른다, 하면서도 미명未明의 자리에서 한 걸음 한 걸음을 조심하는 일, 그것은 한 정신의 책임이자 이미 인류의 운명이 된다.

앞선 것은 왜 운명이 되는가

삶과 죽음 이후, 그리고 그 막막한 배경을 이루는 우주의 전부를 앞산의 등산로처럼 분명히 지도화할 수는 없다. 그 '전체성'은 알 수 없을뿐 아니라 어쩌면 영영 인지人知의 영역을 넘어설 수도 있다. 그 전체는 쉼 없이 변화하고 있기도 하지만, 심지어 새로운 형식으로 자라가고 있을지도 모르기 때문이다. '정신은 자란다'라는 공부의 근본적 테제를 상기하면, '모른다'는 이 사실은 인생의 한계이기도 하지만 동시에 조건이 아닐 수 없다. 전체가 변화하고 있기에 모를 수밖에 없지만, 그 모름의 주체인 인간의 정신 역시 변화하는 중에 자라고 있으므로 언젠가 어떤 식으로 알 수도 있을 법하기 때문이다. 전망이 또렷해야만 목적지를 설정하거나 그곳에 접근할 수 있다는 것은 자명하다. 그러나 우주의 시말始末은 물론이거니와 짧은 인생 너머의 자리조차 당장은 우리에게 주어져 있지 않다. 이 같은 무지無知 앞에서는 운명도 삶의 뜻도 분명하지 않을 게 뻔하다.

제 운명도 제 삶의 의미도 분명치 않은 곳에서는 소문과 애매한 텍스트가 창궐한다. 이에 대중은 유물로 전해진 과거의 지도들에 의지한 채 손쉬운 선택을 한다. 『바가바드 기타』를 읽고, 토라를 읽고, 『금강경』을 읽고, 복음서를 읽고, 코란을 읽고, 『티베트 사자의 서』를 읽고, 임사체험이나 환생의 이야기를 듣고, 갖은 신비 체험의 간증을 듣는다. 그러고는 알 수 없는 그 미로 속의 애매한 텍스트를 '믿고' 만다. 대중은 '모른다 - 모른다 - 모른다'의 토양을 닦을 줄 모른다. 무명無明 위에 새롭게 터를 닦고 새 앎을 기약할 줄 모른다. 그들은 앎에 대한 남들의 선전 선동과 유혹에 손쉽게 넘어가서 '믿는'다. 오직 모르기 때문에 오히려 믿는 것이며, 쏠려서 믿고, 따라서 믿고, 또한 맡겨서 믿을 뿐이다. 기성의 지도들이 미리 설정해놓은 인생과 우주의 뜻을 믿고 살며, 그 지도의 지침이 곧 '체계적'이므로 이와 관련해서는 인식의 노동도 '체계적'으로 차단당한다.

모른다 - 모른다 - 모른다의 터에 발을 딛고 최량의 앎과 지혜를, 몸을 끄 - 을 - 면 - 서 일구는 것은 '앞서'는 일이다. 세게 말하자면 오히려 무명의 첨단에 의연하게 서는 일이다. 그 모든 종교와 사상과 체험이 제멋대로 말하면서 각축하고 있는 정신의 사투리와 그 사투리가 뿌리내린 텃세의 자리를 떨치고 나와서 '직관적 겸허함', 혹은 수동적 직관의 전망을 대면하는 것이다. 그것은 눈 덮인 낯선 산속을 혼자, 그리고 앞서 걸어가고 있는 자의 자리와 같은 것이다. 그는 길이 보이지 않아 자신의 전망을 장담할 수는 없다. 더구나 자신의 생각을 마음대로 체계화해 무슨 표지인 양 남들에게 제시할 수는 더더욱 없다. 그러나 그는 이 산과 그 지형을 모르지 않는다. 그는 이 산에 관한 최량의 지식을 쟁여놓고 있으며, 그 사이에 생긴 직관과 통찰은 서슬 푸르게 진동하고 있고, 게다가 그는 자신만의 생활양식을 통해 주변 이웃들로부터 '믿을 만한' 위치(좌석) 안내인 Platzanweiser으로서의 명성을 얻었다.

눈 쌓인 산중에서 그의 걸음은 무엇이 될 수 있는가? '안다'고 호언하는 대신 '모른다'는 토양 위에서 건져올릴 지혜와 통찰의 조각들은

조각난 지혜로 세상을 마주하다

그의 앞길을, 그래서 후인後人의 길을 밝힐 수 있는가. 무엇보다 중요한 것은 '모른다'는 이 입지立地가 탄탄해야 한다는 데 있다. (그러나 앎이 아니라 무지가 탄탄할 수 있는가?) 애매한 텍스트가 범람하는 지역에서 무책임하게, 짜깁기에 불과한 지식을 융통한 채로 '안다'고 말하는 순간, 단번에 믿음의 낭떠러지에 굴러떨어지며, 삶과 죽음의 전망은 일시에 엉망진창이 되고 만다. '오지 않은 것을 말하지 마라無測未至'라는 격언은 매우 훌륭한 지혜의 조각이긴 하되 더러 말해야 할 때가 있는 법이다. 이것이 앞선 자의 운명이지만, 이 앞선 자는 굳이 '말하'지 않더라도 자신이 살아가는 삶의 양식에 의해 이미 말보다 더 빠르게 말하고 있는지도 모른다.

인간의 앎은 늘 불완전해서 그 전체성의 체계를 보장할 수 없다. 더구나 그 영역이 인간의 실존을 좌우하는 테마(삶의 의미, 우주의 시말, 죽음 이후의 존재, 정신의 가능성 등등)라면 그에 관한 앎은 애매하고 조각나 있을 수밖에 없다. 인생과 존재의 전체를 지도화하고 이에 준해서 그 가치와 의미를 매기며 제시할 도리는 없는 것이다. 바로 이 한계 아래서 모든 종교와 삶의 지혜는 조각난 채로 불투명해진다. 큰소리를 칠 수도 없고, 예측할 수도 없으며, 확실히 남들을 인도할 수도 없다. 이 탓에 오히려 궤변과 혹세무민과 억측과 소문이 창궐하고, 이에 따른 욕망의 쏠림과 몰림은 그치지 않는다. 여기서 유일하게 가능한 지혜는 앞서 있다는 사실에 터한다. 물론 그 사실마저 앞서 말한 대로 '모른다-모른다-모른다'라는 바탕에 의지한다. 빗물마저 고이는 바위 위에 서서 최량의 지식과 경험과 직관이 주는 조각난 지혜를 안고, 한 걸음 한 걸

음 책임 있게 걸어가려는 것, 바로 이것이 앞선 자의 책임이자 뒤따르는

자의 운명이다.

조각난 지혜로 세상을 마주하다

쓰기, 읽기, 말하기, 듣기

: 공부길의 한 풍경

이번 강의에서는 문인, 혹은 학인이라면 누구라도 그 훈련의 기본을 이루게 될 실천인 쓰기와 말하기, 그리고 듣기와 읽기에 대한 내 경험과 이에 따른 소견을 간단히 설명합니다. '타인의 고통을 배우라'(니체)고 하듯이, 나는 남들이 이미 안다고 전제한 태도와 행위를 쉼 없이 고쳐 보고 다시 배우고 익히면서 내 공부의 바탕을 공고히 해왔습니다. 나는 평생 다시 쓰고 다시 말하기를 쉬지 않았습니다. 그래서 내 표현의 전부, 혹은 내 감성의 리듬이 정신의 변화를 추동하는 일상의 한 걸음 한 걸음이 되기를 희망했지요. 천 리 먼 길도 절뚝발이 자라跛鼈의 한 걸음에서 시작되고, 제아무리 위대한 작품도 한 문장부터 만들어가는 것이며, 사람의 존재가 제아무리 깊어진들 그것은 한마디 말과 글에 대한 공대에서부터 이루어지는 것입니다. 언제나, 어디서나 쓰고 읽고 말하기 듣기를 다시 배우도록 애쓰길 바랍니다. 그것이 공부입니다.

1. 쓰기

'글을 쓰면서 공부한다'는 오랜 원칙은 지금도 지속되고 있다. 외부 청탁이 있든 없든, 자율적으로 글을 쓰면서 내 정신의 집중력과 유연성, 그리고 창의성을 점검한다. 수행자들은 글을, 책을 버리라고 염불하듯 떠들지만, 오히려 자기 문장을, 화법과 응대를, 그리고 그 마음의 결과 체를 챙겨볼 일이다. (예를 들어 막스 호르크하이머나 소설가 최명희의 글과 말을 기억할 것!) 십이연기법이든 신탁神託이든 진화론이든 『안나 카레니나』든 『열하일기』든 사랑의 고백이든 혹은 그 무엇이든, 결국은 글/말로써 전할 도리밖에 없기 때문이다. 글은 인간이 만든 도구 중 가장 정교해서 어쩌면 정신의 원점原點에 박진한다. 그리고 인간의 생활은 도구적 지혜를 빌릴 수밖에 없다. 선가어물善假於物해야 하며, '모든 것은 (도구적) 중계점'(들뢰즈)인 것이다. 게다가 정신 상태나 그 운용과 깊이 관련된 것이므로 글로써 그 사람의 정신을 어느 정도 알 수 있다. 악이지정樂以知政이며 문이지인文以知人인 것이다. 사람의 마음은 형체가 없으므로 그 마음에 얹히는 도구/매체에 의해서 조형되거나 변형된다. 말도 그렇긴 하지만, 글이 정교화되고 아름답고 풍성해짐에 따라 사람의 마음도 이를 닮아간다.

정신에는 따로 길이 없다. 그러므로 특별히 개념의 길, 글의 길로써 정신 속의 갖은 길을 닦고 잇고 융통하는 것이다. 산속의 좁은 자드락길은 자주 걷고 가꾸지 않으면 곧 소실된다. 길의 흔적을 잃은 숲은 멀고 위험하고 아득하다. 마찬가지로 사실에 바탕한 정확한 기억을 쟁여가고, 그 기억을 활용해서 글이 이어지지 않으면 정신 속의 길 역시 소실되고 만다. 실력의 밑절미를 이루는 한 부분은 개념들과 글로써 정지整地하고 개통開通하며 융통시킨 정신 속의 길들인 것이다. 이 길들이 걷기 좋게 정비되어 있고, 곳곳에는 지표가 될 만한 개념들이 표지석을 이루며, 사방팔방으로 길들이 매끄럽게 이어져서 서로 잘 통용되도록 만드는 것, 이것은 정신/마음을 다루고 키우는 가장 기초적이며 표준적인 방식이다.

나는 긴 세월, 매일처럼nulla dies sine linea 꾸준히 글을 써왔다. 그 세월만큼 글쓰기에 관한 내 생각이나 성취도 바뀌었다. '글짓기'라는 말이 시사하듯, 글을 다만 내심을 표현하는 도구쯤으로 여겼던 초보자의 생각에서 벗어나야만 글쓰기의 공부가 시작된다. '글을 쓰면서 공부한다'고 했지만, 마치 언어성과 인간성의 관계를 탐색하는 게 인문학의 기본이 되는 것처럼, 글쓰기와 공부하기의 관계도 인문학적 공부의 열쇠를 이루는 한 부분이다.

조각난 지혜로 세상을 마주하다

2. 읽기

독서 중에 일부는 반드시 낭송朗誦한다. 글이 바뀜에 따라 정신이 바뀐다고 했지만, 이는 말에도 비슷하게 적용된다. 아니, 말은 (글과 달리) 그 진동과 리듬을 좇아 사람의 내면과 직결되어 있기 때문에 낭송은 마음을 조절하는 데 특히 유익하다. 가령 생활의 현장 속에서 힘과 꾀를 되찾기 위해 상담을 받을 때가 있을 텐데, 낭송이란 필경 응하기에서의 힘과 꾀를 되찾기 위한 일종의 '자기 상담'인 셈이다. 그러므로 특별히 화법을 고치자면, 마음의 근기를 키우고 그 무게중심을 낮추자면, 그래서 '응하기'의 기초를 다지자면 낭송을 피할 수 없다. 내 경험에 따르면 글은 (이상적인) 정신mind에 가깝지만 말은 (현실적인) 마음heart에 더 가까워서, 낭송이 마음의 운용에 도움을 준다는 것은 재론할 필요도 없다. 삶의 거의 전부인 이른바 '응하기待人接物'의 중요한 부분은 말하기이므로, 일상생활의 경영과 균제를 위해서도 낭송의 훈련은 도움이 된다.

'마음챙김'을 떠들면서 침묵과 명상이 능사인 듯 말하지만, 말에 서툴고 마음만 챙기려고 하면 필경 그 서툰 말에 의해 마음마저 오염되고 어지러워진다. 동굴 속에서 길게 벼린 마음도 한마디말이 차질蹉跌을 빚으면서 파문波文 속에 내동댕이쳐지는 법이다. 마찬가지로 마음을 비우는 게 능사는 아니다. 공부의 실효가 모이는 자리는 오직 남을 돕는 데 있으니, 식견과 지혜와 꾀와 수완과 말들이 마음에 치면하도록 채우는 경험이 우선이다. 공자는 '말을 못하는 듯하였다似不能言也'고 했지 '말을 못하는不能言' 게 아니며, 팔정도八正道에서도 정어正語를 독려하지 무언無言을 권하는 게 아니다.

한편 낭송은 마음자리가 얼마나 어지러운가를 알게 한다. 개인차가 있긴 하지만 문장을 낭독하는 것은 결코 '기계적으로' 이루어지지 않는다. 심리의 요동이나 난반사亂反射하는 잡념들만으로도 낭송은 제 뜻대로 나아가지 못한다. 요령 없이 무아無我를 외치는 짓이 얼마나 황당한지는 이러한 체험만 고려해도 충분하다. 낭송은 무엇보다 에고ego의 적나라한 변덕을 고발하는 체험이 되는 것이다. 낭송은 곧 에고와 버성기는 일인데, 바로 여기서 그 공부가 시작된다. 무릇 모든 공부와 수행이 '에고와의 싸움'이라는 과정을 통하게 된 까닭에, 실은 낭송만큼 손쉽게 이러한 실천을 지속할 수 있는 방법도 없다.

조각난 지혜로 세상을 마주하다

3. 말하기

말하기는 응하기에서 가장 일반적이며 중요한 요소다. 행위$_{act}$ 는 대인접물에 대한 준별과 응변$_{應辨}$에 의해 이루어지고, 그 대다 수는 말하기를 통해 진행되며 완결된다. 나는 늘 '실력은 응하기' 라고 했는데, 인간적 응하기(행위)의 요령이 적잖이 말하기에 의지 하고 있으므로, 공부를 통해 실력과 깜냥을 키움에 있어 말하기의 연습을 생략할 수는 없다. (화법은 곧 뇌$_{腦}$의 본령이며, 언어를 통하지 않고 서는 뇌를 키울 수 없다.) 자신의 화법을 한 번도 진지하게 성찰하지 않 은 채 생각의 내용만을 요리조리 운용하거나 재배치하는 것으로 써 능사를 삼는 인간을 일러 '공부하지 않는 자'라고 부른다. 이는 그(녀)가 '선발'의 형식을 통해 어떤 사회적 성취를 이루었든 마찬 가지다. 공부는 그 근본에서 이미 '공부론'이므로 공부하는 자의 삶 전체의 형식에 대한 변화를 예기하지 않을 수 없다. 그리고 그 변화 중에서도 특히 어려운 일은 자신의 말하기로 집약된다.

문제는 말하기가 잘 바뀌지 않는다는 데 있다. (주변에 그득한 사 람들의 말하기를 보라. 40년간, 50년간, 60년간, 70년간, 80년간 새로운 개념 하 나, 제대로 된 문장 하나 구사하지 못한 채 언죽번죽, 언거번거, 코 아래 가로로 뚫 려 있는 긴 구멍을 쉴 새 없이 움직이는 인간들을 보라!) 말은 글보다 더 바 뀌지 않는 법인데, 간단히 그것은 글보다 말이 자신의 에고와 구 분되지 않을 만큼 협착$_{狹窄}$하게 인접해 있기 때문이다. 이 에고의 요동과 부석거림을 피하고자 앞서 말한 낭송을 일삼는 것이며, 그

4강 쓰기, 읽기, 말하기, 듣기: 공부길의 한 풍경

중에서도 특히 '단전-낭송'으로써 공부하는 주체의 자리를 낮추는 것이다. 단전낭송은 단전호흡을 응용한 것인데, 호흡이 의념意念을 단전에 두는 것처럼, 낭송의 소리를 단전에 두려는 의념의 부림이다. 과거 한때 말(음성)을 내면적으로 특권화한 적이 있지만—예컨대 플라톤과 박제가朴齊家가 각각 다른 의미에서 그러했다—그 실상은 음성이 자신의 에고와 깊이 결부되었던 이유에서일 뿐이다. 낭송하거나 대화하다보면 의도한 대로 말하기가 이뤄지지 않곤 하는데, 바로 그 의도가 생각 혹은 잡념들에 무시로 침탈당하기 때문이다. 잡념의 옷을 입고 등장하는 에고의 번란煩亂과 의도로 무장한 낭송의 외줄 타기가 항용 서로 개입相入하면서 뜻대로 되지 않는 것이다.

나는 긴 세월 내 말을 바꾸려고 애써왔다. 사실 외국어를 익히고자 남다른 노력을 기울인 이유도 여기서 멀지 않다. 경상남도(부산) 말을 버리고자 결심한 것은 중학교 1학년 때쯤으로 기억된다. 말과의 싸움은, 즉 나 자신의 것과의 싸움은 이렇게 시작되었고, 더불어 제 사투리나 텃세를 고집하려는 사람들과의 싸움도 이렇게 시작되었다. 당시 이렇게 말하기를 바꾸려고 했던 결심의 배경은 (여태도) 선명하지 않다. 특히 이 결행이 내 삶과 그 정신사에서 어떤 가치와 위상을 지니게 될지, 어린 나로서는 전혀 짐작할 수 없었다. 어쩌면 내 최초의 실존적 회심의 체험이 우주(밤하늘)와 존재에 대한 경이감으로부터 발원했듯이, (뒤늦게 정리하자면) 내 정신을 나도 모르게 존재 전체와, 그러니까 어떤 보편성과 대면시

조각난 지혜로 세상을 마주하다

키려는 쪽으로 움직였는지도 모른다. 그러나 이것을 '운명'이라고 한다면, 사람은 무명無明 속에서도 최선의 애씀을 통해서 미명未明으로, 미명微明으로 나아가게 되어 있는 운명이지 않을까. 용회이명用晦而明(어둠으로써 밝음을 만들어가는 것)하듯 말이다. 나이가 들어 남들 앞에서 말(강의)을 하게 되면서부터 지방 사투리와 텃세를 넘은 다음에도 한발 더 나아가 '나만의 말'을 하고 싶었다. 나는 긴 세월 나만의 생활 형식으로 삶과 공부길을 조형하고자 했는데, 내 말/글을 찾아가는 과정은 그 첫걸음이자 영원한 시작이었는지도 모른다.

'나만의 말'에서 바라보는 내 이상理想은 이른바 '알면서 모른 체하기'의 말하기다. 좀 안이하게 표현하자면 그것은 (버지니아 울프가 '무의식의 글쓰기'를 말하는 것처럼) 무의식의 말하기이고, 얼마간 미친 채로 (잘) 말하기이며, 좌뇌와 우뇌의 협연協演으로서의 말하기이고, 생각하기의 말하기가 아니라 '생각나기의 말하기'이기도 하다. 그리고 무엇보다 '나보다 더 큰 나'와 더불어 말하기인 것이다. 이를 조금 다르게 말하면 항암시抗暗示의 장벽이 허물어지면서 내적 대화braintalking가 가능해지고 이로써 초월적 창의성에 근접하는 말하기가 된다. 필경 '돕기'로서의 말하기는, 인간 정신의 말하기 속에 신성神性이 틈입한다는 점에 그 터를 둔다. 아렌트가 이 대목에 관해서 무엇을 알았는지 분명하지 않지만, '말하기 속에는 늘 계시적 순간이 자리하는 것'(한나 아렌트)이다. 돕기는 응하기의 결실이며, 응하기는 말하기와 뗄 수 없는 수행이기 때문이다.

4. 듣기

'듣다가 죽어버려라!'라고 말하곤 했다. 누구나 듣기에 소홀하기도 했고, 공동의 노동communal labor에 터한 공동체의 조건이기도 했으며, 말하는 자가 스스로 말하지 못한 것까지 알아듣기 위한 조처이기도 했다. 말하자면 청자聽者가 화자話者의 너머까지를 이해하려면 반드시 그 듣기는 남달라야 하는 것이다. 남이 말하는 중에 엉뚱한 짓을 하거나 하필 화장실에 가려는 이들을 더러 봤는데, 이는 학인으로서 기본을 갖추지 못한 태도일 뿐 아니라 증상적 저항의 일부로 의심받을 만하다. 나는 남이 말하는 중에 하품하거나 시선을 돌리거나 음식을 먹거나 부스대거나 도지개를 틀지 않는다. 상대가 아이일지라도 그(녀)가 말하고 있으면 나는 결코 발을 뻗거나 몸을 기울이거나 딴짓을 하지 않는다. '듣기에 경솔한 자는 결코 그 앎이 견고하지 못한 것輕乎聽者必不能堅乎識'이다. 나는 우선 그(녀)의 말을 들으며 말을 믿고 말에 따라 행동하고자 한다. 특별한 이유가 없다면 나는 화자의 말을 중간에 끊고 내 말을 들이대지 않는다. 정신분석의 기법 중에는 절분법scansion이라는 게 있어 피분석자/내담자의 말을 끊곤 하지만, 그것은 인문학적 대화의 구조 및 성격과는 그 꽤나 판이 다르다. 나는 남의 외모를 말하지 않으며 대신 그(녀)의 말에 대해 응대하고자 애쓴다. 그(녀)의 말을 잘 듣고 잘 응대하는 자, 바로 그(녀)가 학인인 것이다.

조각난 지혜로 세상을 마주하다

내가 겪은 자득, 일곱 가지

공부길의 성취이며 동인動因이자 그 증표인 자득自得을 다시 따집니다. 자득은 스스로 얻은 공부의 실효이자 보람이며 공부길의 방향을 알리는 지남이기도 합니다. 그러므로 자득이 없다면 그것은 헛힘을 쓰는 것이며 폐물을 자랑삼는 것입니다. 자득으로 흥미와 동기 부여가 생기고, 자득으로 방향과 목적이 생기고, 자득으로 긴 걸음을 주저하지 않을 것입니다. 자득이 덕德의 공효功效를 이루면 이로써 자득은 공득共得을 이룹니다. 비로소 남을 돕게 되는 것이지요. 자득을 '따진다'고 한 것은 특히 이 과정에 창궐하는 암둔과 허세와 자기기만을 경계하려 하기 때문입니다. 이번 강의에서는 누구나 참고하고 원하면 따라할 수 있는 내 개인의 경험 중에서 일곱 가지를 가려 간략히 설명합니다.

1. '그것'이 느리게 보인다

"하지만 그 나라 말을 잘 모르는 외국을 방문할 때면 우리는 갑자기 모든 사람이 우스꽝스러울 만큼 빠른 속도로 말하고 있는 듯한 느낌을 받는다Yet when visiting a foreign country, where we don't know the language well, we suddenly get the feeling that everybody is speaking at a ridiculously rapid speed."

— M. 크리스티안센, N. 채터, 『언어 게임The Language Game』

지난해의 목표 중 한 가지는 일본어 듣기, 그것도 '완벽히' 듣기였다. 유튜브에 올라온 일본어 다큐물이나 뉴스를 하루에 30분 이상 쉼 없이 듣고 놓친 부분을 다시 익혔다. 그리고 연말께에 이르러 스스로 그 목표를 이루었다고 여겼다. 나는 고3 때부터 임의로 일본어를 공부했고, 그사이 꽤 많은 일본어 서책을 섭렵했지만, 일본어를 듣고 말하는 데 애쓴 것은 불과 10년 정도였다. 모든 외국어가 다 그렇지만, 들리지 않을 때의 그 속도話速는 차마(!) 참담할 정도로 빠르게 다가들어, '이것을 사람이 듣고 이해할 수 있을까'라는 의구심조차 인다. 그렇지만 실력이 쌓이면 어느 순간 그 속도가 이상하리만치 느려지기 시작한다. 실력으로 무장된 마음이 현장을 장악하기 시작하는 것이다. 이 속도에는 청자의 귀가, 그(녀)의 이력과 실력이 이미 강하게 개입하고 있다. 이 경우 속도의 객관성이란 없다. 그것은 실력의 함수函數일 뿐이다.

실력에 따라 새로운 문과 길과 지평이 열린다고 했는데, 이것은 상대적 속도의 문제이기도 하다. 동물행동학자들의 연구에 따르면 치타나 수달 같은 포식자에게는 그 먹이가 되는 피식자被食者의 움직임이 '느리게' 보인다고 한다. 혀로 먹이를 낚아채는 개구리에게 파리의 움직임은 느리게 나타나고, 시속 300킬로미터로 돌비突飛하는 송골매의 시선에 그 먹이가 되는 작은 새의 움직임은 느리다. 타자打者의 눈에 보이는 투수의 공도 마찬가지다. 실력이 좋은 타자들은 종종 '공이 느리게 온다'는 말을 남긴다.

나는 언제나 '실력은 응하기'라고 했는데, 대인접물이라고 하듯 응하기에는 늘 상대가 있으며, 그 상대의 속도와 템포에 맞추는 게 응하기의 요령이다. 그리고 실력이 좋아지면 좋아질수록, 그러니까 주체의 중심이 낮아지고, 주변과 전망을 살피는 시선이 넓어지고, 구체적인 대상에 응하는 솜씨가 정교해지면, 그 상대의 움직임이 느리게 보일 것은 분명한 일이다. 그러므로 공부란 정신의 크기와 지속성, 그리고 그 속도의 문제로 풀어낼 수 있는 것이다.

조각난 지혜로 세상을 마주하다

2. 획, 지나가는 욕설辱說

5~6년 전일까, 밀양의 어느 저수지에 홀로 있다가 마침 낚시 건달(?) 여럿과 작은 시비가 생겼다. 그중 둘이 내게 다가와서 말을 붙이다 말곤 제 패거리를 뒷배 삼아 잠시 왁달박달거리더니 짐짓 욕설을 흘렸다. 그러나 나로서는 전에 없이 이상한 일이 생겼다. 그때 그 욕설은 내 마음을 완전히 비껴갔다. 그 욕설은 사람의 입에서 나온 것이긴 해도 내 정신 앞에서 무력해진 느낌이었고, 마치 바람 한 줄기처럼 획, 하고 내 곁을 지나가버렸다. 내 마음에는 아무런 파문波紋이 없었으며 내 에고는 눈꼽만치의 위축도 없었고, 내 운신도 유아乳兒나 신선의 것처럼 맑고 자유로웠다. 분노도 겁怯도, 심지어 아무런 기분조차 없었던 것이다.

가끔 이때를 되돌아본다. 당시의 내 마음은 그 욕설이 훼손하지 못할 경계에 이르렀던 것일까. 아니면 그저 임기응변의 심리적 기제에 불과한 것이었을까. 그 아득한 평온함은 무엇이었을까. 상대의 거친, 모욕적인 말들이 마음을 침범하지 못하는 경계는 어떤 훈련과 곡절을 통해 가능해지는 것일까. 이 현상, 이 체험은 내가 말에 대해, 말을 향해 평소 어떤 식으로 개입하고 있는지를 엿보게 하는 낯선 계기가 되었을까.

3. 동승자의 타자

"남들이 나를 알아주지 못하는 것을 근심치 말고, 남을 알아보지 못하는 것을 근심하라子曰 不患人之不己知 患不知人也."
—『논어』

내 책『자본과 영혼』에 실린 글 한 편의 제목은 '동승자의 타자'다. 나는 특별히 이 글을 좋아하는데, 이른바 '타자성의 철학'에 관한 한 이 경험처럼 손쉽게 그 이치의 알짬을 예증하기에 좋은 것도 없기 때문이다. 운전자가 아니라 동승자가 되면, 동승자의 몸은 운전자의 운전 버릇에 의해 좌지우지된다. 이 운전 버릇은 곧 그의 '생각'과 겹치는데, 그의 (통속적) 운전 실력이 높아지면 높아질수록 그의 생각은 자신의 운전 버릇과 일치하게 된다. 그리고 운전자는 바로 이 일치 속에서 일종의 '자유로움'을 느낀다. 좋게 말해서 '자유'이지만, 거칠게 고쳐 말하자면 그냥 제 마음(생각)대로 운전한다는 것이다. 제 차를, 제 버릇과 깜냥대로 운전하고 있다는 것이다. 운전자는 바로 이 자기 의도 속에서 운신하고 있는 한 동승자의 존재를 타자로서 느끼지 못한다. 그러나 이와는 정반대로 이러한 느낌이 없으면 없을수록 동승자는 운전자를 (어찌할 수 없이 완강한) 타자로 느끼게 된다.

나는 '객관적으로' 운전 실력이 대단한 사람은 아니다. 장거리 운전도 별로 하지 않고, 고속도로에 진입해서도 시속 110킬로

미터 이상 내빼지 않으며, 평소 운전을 자주 하지도 않는다. 하지만 나는 지난 10여 년에 걸쳐 대여섯 차례 동승자로부터 '내 일생 최고의 운전자'라는 투의 찬사를 받았다. 그러니까 마음만 먹으면 그런 식의 평가를 받을 수 있다는 뜻이다. 그 배경은 전적으로 '타자성의 철학'을 내 생활 속에 구체화하는 여러 실험 중에 이루어진 것이다. 앞서 말했듯이 동승자가 불편을 느끼는 것은 운전자의 의도나 버릇, 그리고 이에 따른 운전 행동이 동승자에게는 감추어져 있기 때문이다. 운전자의 의도와 동승자의 마음은 서로에게 완전히 소외되어 있는 것이다. 급커브를 틀게 되더라도 운전자는 자기 의도를 미리 알고 있으므로 당황하거나 관성에 의해 내팽개쳐지지 않는다. 반면 동승자는 운전자의 의도에서 소외된 채 사태의 추이를 모르고 앉아 있으므로 그 의도에 따른 변화에 적절히 조응할 도리가 없다. 동승자는 운전자의 의도/버릇을 모른 채로, 또 바로 그 의도/버릇에 실린 채로 짐짝처럼 들썩거리게 되는 것이다. 운전자가 제 버릇과 의도 속에서만 운신하는 한 이와 같은 불편은 피할 수 없다. (이 글의 요체는, 나는 바로 이 불편을 원천적으로 제거하는 이른바 '타자성의 버릇'을 체득하게 되었다는 것.)

이 문제를 해결하는 주체는 운전자일 수밖에 없는데, 동승자는 운전자의 의도나 행위에 대해서 수동적이며 완전히 깜깜하기 때문이다. 나는 운전할 때 내 의도와 행동을 동승자의 몸에 맞추기 위해 최선을 다한다. 이것은 자동적으로 혹은 기계적으로 가능해지지 않는다. '최선'이라고 했지만, 운전하는 내내 동승자의 몸에 내 몸을 일치시키고자 애쓰는 것이다. 동승자의 몸은 운전자인 내 몸과 분리되어 있고, 게다가 내 마음은 그의 몸과 소통할 수 없을 만치 서로 깜깜하게 소외되어 있긴 하지만, 부단한 애씀과 눈치와 직관, 혹은 시행착오의 과정을 통해서 이 예측적 감정이입 prognostic empathy의 실천과 실효는 가능해진다.

타자성의 철학 혹은 타자성에 근접하는 실천은, 내 표현대로 하자면 '동정적 혜안'을 통한 이입의 훈련으로 이루어진다. 예를 들어, 다른 계제에 밝힌 바 있지만, 이른바 나의 '사린四隣의 윤리학'은 어느 날 산책 중에 쇠사슬에 묶여 있는 두 마리 개에 대한 강력한 이입의 체험에서 출발했다. 에고가 자기방어를 위한 철갑이 아니라 타자 이해를 위한 수용체receptacle로 전환되는 것이다. 차량의 속도를 줄이기 위해 설치해놓은 도로 턱을 지날 때는 당연히 자동차가 쿨렁거리거나 덜커덩거린다. 운전자로서의 당신은 이때 '차를 위해서/대신해서' 아파해본 적이 있는가? 나는 언제나 가슴이 아픈 운전자다.

조각난 지혜로 세상을 마주하다

4. '사람을 낚는 어부'

"나를 따라오라. 내가 너희를 사람을 낚는 어부가 되게 하리라."
—「마태복음」 4:19

나는 낚싯대도 없을 뿐 아니라 철든 이후로는 낚시를 한 게 손에 꼽을 정도에 불과하다. 그러나 매번 (특히 남들과 어울려) 낚시를 할 때마다 이상한 '패턴' 하나에 눈뜨게 되었다. ('내 몸을 재료 삼아 실험을 거듭함으로써 얻는 패턴'이란, 실은 내가 평생 내 공부의 일환으로 지속해 온 것이다. 아무래도 몸에서, 몸의 개입에서 모든 인간의 이치가 생성되는 것이니 말이다.) 괴상한 말이지만, 그것은 내가 남들에 비해 월등히 많은 물고기를 잡는다는 사실이었다. 장비와 경력, 별스러운 수완도 없는 내가 낚싯대를 물속에 담글 때마다 좋은 장비와 수십 년의 조력釣歷을 갖춘 이들보다 훨씬 더 많은 조과釣果를 얻곤 하는 것이다. 두 번의 경험이 쉽게 떠오른다. 한 번은 25년 전쯤 낚시광이었던 대학 은사와 함께 남해 쪽으로 나섰는데, 그분은 내가 초짜임을 알고는 현장에 닿자 이런저런 지시와 감시(?)를 했다. 같은 곳에서 세 시간가량을 보냈는데, 그분이 건진 것은 두 마리였고 나는 열 마리에 이르렀다. 다른 한 번은 10년 전쯤인데, 후배 둘과 함께 한 낚시였다. 그중 한 사람은 채비로 봐서 보통내기가 아닌 듯했지만, 두 시간 정도의 작업에서 그 둘은 한 마리도 얻지 못한 반면 나는 일곱 마리를 건져냈다.

나는 이런 '패턴'이 차츰 눈에 들어오면서 이른바 '연결시키는 패턴'(베이트슨)에까지 생각이 이어졌다. 그것은 내겐 거의 기질적인 현상으로서 대화, 특히 논쟁 중에 상대의 판단이 이상하거나 틀렸다고 여기는 순간 일종의 '정신적 평형감각'이 일그러지는 느낌을 받는 것과 겹친다는 생각이었다. 이 감각은 내 개인의 직관이므로 남들의 확인을 받을 수는 없지만 특이하거나 아주 드문 현상은 아닌 것이, 다양한 연구자와 필자의 자전적 기록 속에 유사한 사례들이 보이기 때문이다. 과학사에서도 이런 경우를 어렵잖게 찾아볼 수 있는데, 가령 뉴턴은 먼저 '알고'(직관하고) 나중에 그것을 수학으로써 증명했다고 한다. 사람에 따라서는 '먼저-아는' 방식이 있을 법하고, 내 경우 직관의 방식이 '정신적 평형감각'으로 표현되고 있는 것은 아닐까.

내가 남들보다 물고기를 많이 잡는 데 이치가 있고, 그래서 무슨 '패턴'이 있을 수 있다면, 바로 이 직관적 감각과 연루된 것이 아닌가 짐작해본다. 대화 중의 경험을 정신적 평형감각이라고 했지만, 낚시 중의 경험은 그저 '예민한 감각'쯤으로 표현하는 게 적절할 듯하다. 특히 나는 낚시 중에 낚싯줄을 꼭 손으로 잡고 있는데, 줄을 타고 넘나드는 물속의 움직임을 내 몸이 남다르게 간취하는 듯싶다. 내 천성이 민감하고 갖은 조짐前触れ에 섬세히 조응하는 편이라 이런 현상이 생기는 듯하지만, '알면서 모른 체하기' 등 내 공부길에서 소중히 여겨 간직하고 수련한 나만의 방식이 역시 이러한 일의 배경이 되었으리라고 본다.

조각난 지혜로 세상을 마주하다

5. 자유의 깊이, 혹은 외로움 없이

"아름다움을 보는 영혼은 종종 혼자 갈 수 있다 Die Seele, die Schönheit sieht, kann manchmal alleine gehen."
— 괴테

"참자유는 방종을 절제하는 데서 오고, 참자유를 원하는 사람은 먼저 계율을 잘 지킨다."
— 소태산,『원불교 교전』

나는『그림자 없이 빛을 보다』(2023)에서 자유를 '금지禁止의 형식이 개창한 것'이라고 했다. 불교식으로 말하자면 계戒가 정定/靜을 거쳐 지혜智慧에 이르는 것이다. 혹은『차마 깨칠 뻔하였다』(2018)에서 자유의 길에는 '현명한 복종과 자아의 죽음 이외에 다른 길이 없다'고 했다. 누구나 흔히 말하는 자유란 정치사회적인 것을 일컫는데, 이는 어떤 법인法人의 형식을 갖춘 사람들이 일정한 제도적 형식 속에서나마 기회균등의 자리를 얻을 가능성 정도를 일컫는다. 이런 식의 자유는 치인지학治人之學의 것이지만 내 관심이자 이 글의 취지는 수기지학修己之學이니, 여기서의 자유란 근본적으로 기회균등의 문제가 아니라 자기가 자기를 넘어서는 마음의 경계를 말하며 이는 오직 실력의 깊이와 그 '맑은 그늘'이 제공하는 효험이다.

이런 종류의 자유는 외로움loneliness에 대한 논의를 통해 좀더 구체적으로 접근해볼 수 있다. 외로움에는 불특정한 대상을 향한 희미한 욕망의 기울기가 항용 자리한다. 지족자재知足自在하지 못하는 것이다. 그러나 지족자재에도 최소한 두 가지 다른 종류가 있는데, 하나는 사물과 짐승의 것이며, 다른 하나는 사람의 것으로서 후자는 오직 훈련과 공부를 통해서만 주어진다. 종종 거론한 사례인데, 언젠가 산행 중 깊은 산 숲의 어느 맑은 웅덩이 안에 민물가재 한 마리가 '가만히', 그야말로 가-만-히 있는 것을 물끄러미 바라보면서 작은 깨침이 있었다. 그 가재를 보는 순간, '외로움'에 대한 사람들의 엄살(!)이 새삼 불거져 다가왔고 그것이 다만 마음자리의 꼴에 지나지 않음을 절감했다. 외로움이란 요동하는 마음의 수고로움에 불과한 것으로, 바로 이것을 넘어섬으로써 (옆방의!) 자유가 찾아오겠지만, 마음이 없는 가재로서야 이 실없는 외로움에 빠질 이치가 어디 있겠는가.

가재와 달리 마음 천국, 마음 지옥 속을 쉼 없이 치달리며 살고 있는 사람들은 그 부박한 마음의 요동 속에서 외로움을 자초한다. 그러나 마음을 곧장 잡을 수는 없다. 마음의 새로운 경계는 언제나 예상치 못한 (부)작용인 것이다. 라캉의 주장처럼 '주체의 근본적인 특성은 그가 그 자신을 알지 못한다는 것'인데, 그러므로 주체, 혹은 (우리말로) 마음은 '무의식적으로' 재주조再鑄造하는 게 유일한 변화의 길이다. 달리 말하자면, 어떤 생활 습관의 일관성을 통해, 혹은 금지의 형식을 통해 이 마음 지옥의 자리에서 겨우 빠져나올 수 있으며, 이로써 얻는 실력을 통해 평온의 깊이, 그 차분함에 이를 수 있는 것이다. 인간에게, 특히 수기지학하는 학인에게 가능한 자유란 바로 이 깊은 차분함을 알리는 마음의 경계일 뿐이다.

6. 내가 보는 것을 남들도 보는가

사람이 그 까닭과 연유를 알고 그 편안히 여기는 바를 관찰하면 어
찌 숨길 수 있겠는가子曰 視其所以 觀其所由 察其所安 人焉廋哉 人焉廋哉.
— 『논어』

나는 오해를 무릅쓰고 긴 세월 '인간만이 절망'이라고 말해왔
나. 물론 이것도 수기지학, 위기지학爲己之學의 맥락에서 공부하는
학인 각자가 스스로 희망의 묘맥苗脈이 되라(자)는 취지였다. 제행
무상에서 출발하는 것처럼, 나로서는 '인간만이 절망'에서 나아가
는 셈이다. 학인이란 공부길을 꾸준히 걸어 실력을 높이고 스스로
밝아지려는 존재이며, 그 밝음이 자득과 공덕을 이루어 남을 도울
수 있도록 애쓰는 존재다. 특히 이 '밝음'과 '도움'의 입장에서 보
자면 인간은 늘 절망인 것이다. 이것은 시민의 입장이 아니고 신
자의 입장도 아닐뿐더러 소비자의 입장도 아니다.

아래의 이 경험도 '인간만이 절망'이라는 내 세계표상적 전제
와 관련된 듯 보인다. 이토 진사이伊藤仁齊(1627~1705)는 이른바 불
교식 '백골관법白骨觀法'을 수련한 후 "내 몸이 백골로 보일 뿐만 아
니라 타인과 말을 나눌 때도 백골과 대담하는 것처럼 생각되었
다"(『송방주태수수야공서送防州太守水野公序』)고 회술한 적이 있는데, 나
는 백골관법이니 부정관법이니 하는 수련을 해본 적은 없지만, 언
젠가부터 갑자기 사람들이 짐승으로 보이기 시작했다. 물고기나

조각난 지혜로 세상을 마주하다

파충류, 혹은 닭이나 왜가리처럼 보이기도 했다. 물론 무슨 환상을 보는 게 아니다. 일찍이 '패턴지智'라는 개념을 운용, 실천해보았듯이 이것도 내 공부의 개입에 의해 '봐서 드러내는看出, kànchū' 직관적 내용일 뿐이다. 누구의 얼굴을 가만히 바라보고 있으면 어느새 다른 짐승의 모습이 살짝 떠오른다는 식이다. 만약 이 일이 생활을 방해한다면 신경정신의학과적 진찰을 요하는 증상이겠으나 이는 그(녀)에게 응함에 있어 내가 혼자 속으로 참고하는 직관적 관찰의 일부에 불과한 것이었다.

이 '짐승' 현상은 다소 특별한 일일 수 있겠지만, 나이 쉰을 넘기면서부터, 차츰 '내가 보고 있는 것을 남도 보고 있는가?'라는 의문에 휩싸이는 일이 잦아졌다. 나는 사람의 용모나 인상에서부터 많은 것을 건진다. 이것은 내가 공부길의 결계結界처럼 여겨온 '외모를 말하지 않는다'는 사정과 배치되는 듯하지만, 증상이나 조짐의 자현自現에 유의하는 것과 외모에 대한 시속의 일차원적 관심과는 차원이 다르다. 사람의 외모를 통해 얻는 직관적 통찰에서, 내가 남들과 현격한 차이를 보인다는 사실은 긴 세월을 통해, 이런저런 시행착오와 실험을 통해 점점 더 뚜렷해지는 듯했다. 공자는 사람의 행위의 까닭과 바탕, 그리고 그가 즐기는 바를 통해 그 사람을 알 수 있다고 했지만, '속에 생긴 것이 바깥에서도 보인다成於中形於外'고 하였으니, 꾸준히 공부하는 학인으로서, 외모를 직관해서 그(녀)의 속내를 캐낼 수 있는 통찰력이 왜 생기지 않겠는가?

7. 일식과 생식

나는 40~50대에 걸친 10여 년간 일일일식一日一食을 해본 적이 있고, 그 여파인지 여태껏 하루 2식에 미치지 못하는 소식小食을 하고 있는데, 당시의 내 자득을 『봄날은 간다』 속의 '일식, 극히 실용적인 지침들'이라는 글에 소략히 밝혀놓았다. 그 후 이른바 생식生食을 1년 가까이 실천했지만, 그것의 실마리는 뜬금없었다. 인제 어느 날 잠에서 깨니, 그야말로 갑자기 '밥' 혹은 밥과 같은 게 먹기 싫어지는 것이었다. 정확히 말하자면 먹기 싫은 정도가 아니라 입에 담을 수 없을 만치 속절없이 '더럽게' 느껴졌다. 이후로 나는 밥이나 국 등속의 화식火食을 완전히 끊고, 내 마음대로 생식이라는 생활양식을 10개월가량 지속했다. 생식이라면 옛날 무협지에서 읽은 게 전부였던 터라, 결국 요량 없이, 아무런 체계도 없이 고집하다가 실패(?)한 셈이긴 해도 그 과정을 통한 자득이 더러 있어 그중 세 가지만 가려 간략히 적바림한다.

첫째는 냄새에 관한 새로운 발견이었다. 특히 산행 중에 등산객들이 곁을 지나칠라치면 그들의 몸에서 나는 악취(?)가 금세 코를 찔렀다. 전에 없던 일이었다. 마침내 내가 '외부'에 있다는 신호를 얻은 셈이었다. 오래전 홀로 배를 몰고 부산 앞바다에 나갔다가 광안리 쪽으로 귀항歸港한 적이 있는데, 그날 도시 전체가 까만 스모그로 뒤덮여 있다는 사실을 처음으로 '발견'하게 되었다. 역시 외부에 서서 메타적인 시선을 얻은 것이었다. 둘째는 개인

조각난 지혜로 세상을 마주하다

위생의 문제로, 우선 팬티나 러닝셔츠와 같은 속옷이 영 더러워지지 않는다는 것이었다. 쉼 없이 신진대사와 배설을 하는 유기체적 존재로서의 인간을 새롭게 절감하는 시간들이었고, 이른바 신선술에 빠진 옛 도인들이 생식을 고집하는 이유가 짐작되기도 했다. 셋째로 가장 의미 있는 변화는 깊은 영감靈感이 잦고 직관력이 왕성해지는 점이었다. 이 같은 주장은 지극히 사적인 담론이며 내 말로 '애매한 텍스트'에 불과할 뿐 아니라, 필경은 내 개인의 기질과 관련될 것이므로, 상설은 피하고 다만 내 근작인 『그림자 없이 빛을 보다』(2023)를 참고하길 권한다.

첨언할 것은, 훗날 이 생식의 경험을 통새미로 되돌아보게 되면서 외려 가장 궁금해졌던 점은, 왜 별 이유도 없고 계기도 모른 채 갑자기 밥이 똥처럼 여겨지면서 준비 없이 생식에 돌입하게 되었는가 하는 문제였다. 단도직입해서 내 판단(짐작)의 결언만을 밝히자면, 당시 내 몸은 자의식에 불과한 '내'가 알지 못하는 죽을병에 걸려 있었다는 것이다. (물론 나는 건강검진을 통 받지 않기 때문에 무엇이 어떻게 된 것인지 객관적으로 검증할 도리는 없다.) 그리고 몸의식, 혹은 무의식인 '또 다른 내'가 내 몸을 건지기 위해 생식이라는 극단적인 방식에 그 자의식인 나를 강제로 몰아넣었던 것이 아닐까 하는 것.

자득이란 무엇인가?

1. 자득自得은 스스로 얻는다는 뜻으로, 필경 남이 줄 수 없는 마음의 경계, 혹은 존재의 깊이에 관한 이야기다. (그러므로 길을 걷다가 돈뭉치를 주웠다거나 남보다 빠르게 승진했다는 따위의 이야기가 아니다.) '깊이'에 관한 한 저항이나 마장魔障에 대한 책임은 자기 자신에게 있기 때문이다. 물론 세상에 오연하게 자립하는 자아는 없으므로, 자아는 곧 타자와 묘하게 중첩된 흔적을 지니고 있게 마련이다. 그러나 중계와 매개로서의 남들은 응당 필요조건, 아니 피할 수 없는 삶과 공부의 조건이지만, 자득은 언제나 '스스로自'의 소인消印을 갖고 있는데, 새로운 길을 향한 빗장을 여는 것은 늘 자기 자신이기 때문이다.

2. 쉽게 말해, 자득이란 자기 자신을 문제시하려는 공부의 형식이며 그 결과를 말한다. 경쟁의 기술을 익히면서 남보다 빨리, 높이 진출하려는 노력은 성찰성과 인격이라는 인간 존재의 초월적 성격을 생략한 행동이므로 공부의 본의에 이르지 못한다. 그것은 자득이 아니라 수확收穫이거나 가차假借일 것이다. '정신은 자란다'라는 대의를 지남으로 삼아야만 인문학의 본령이 현실화되며, 공부가 그 총체성 속에서 익어갈 수 있다. 그러니 오늘날 학교 안팎에서 자득이란 희유한 현상이 되고 말았다. 이기적으로, 비교경쟁적으로, 기능적으로, 제도적으로, 그리고 권력지향적으로 진행되는 수업修業이나 학습은 정신의 높낮이와 존재의

미래적 가능성을 완전히 도외시하고 있다.

3. 계기契機는 어디에나 있지만 호기好機는 흔치 않다는 말처럼, 자득의 계기는 어디에나 있지만 정작 자득에 이르는 경험은 드물다. 자득은 다만 자기 마음속에 어떤 새로운 정보나 기술을 획득해 넣는 행위가 아니라, 한 사람의 행위(생활양식) 일반에 변침을 줄 수 있는 마음의 틀 framework 그 자체를 바꾸는 형식적 사건이기 때문이다. 나는 '깨침悟達' 의 경험을 그 내용이 아니라 불이不二의 형식을 통해 설명하곤 했는데, 자득도 마찬가지다. 자득이란 작은, 일상적인, 축적적·점진적인, 점점이 찍어나가는 깨침의 과정에 다름 아니기 때문이다. 그래서 나는 이를 일러 '점오點悟'라고 불렀다. 자득이든 깨침이든 필경 마음의 경계에 관한 이야기인 것이다. 그러므로 문제는 기억할 만한 가치와 유용성이 있는 표상의 내용이 아니다. 그것은 갖가지 정동情動에 대한 다른 태도를 말하거나, 변덕과 질투와 원망과 허무감에서 벗어났거나, 불퇴전의 새로운 생활양식을 얻었거나, 정신의 가능성에 대한 새로운 실천의 길을 얻었거나 하는, 무엇보다 마음 그 자체의 경계가 바뀐 것을 뜻한다.

4. 틱타알릭Tiktaalik, 아칸토스테가Acanthostega gunnari, 바실로사우루스 Basilosaurus, 그리고 도르돈Dorudon atrox 등의 고생물은 육생과 수생 사이의 점이漸移, 그 진화적 결정성을 드러내는 증거들이다. 물속에서만 살고 진화한다면 그 변화가 아무리 인상적이더라도 그것은 여전히 물고기일 뿐이며, 제 세상 전체에 대한 메타인지적 성찰에 이를 수 없다. 그

러나 물고기의 아가미와 지느러미를 걷고 다리를 드러내며 땅 위를 걷는다거나, 혹은 날개를 뿜내면서 하늘 높이 날아오른다거나 하는 짓은 이미 그 존재의 형식을 바꾼 것이며, 그들에게 무슨 '마음'이 있다고 한다면 그것은 아득히 다른 마음의 경계에 이른 게 되었을 것이다. 자득이란 그런 것이다. 이런저런 공부와 수행을 통해 마음의 형식, 그 경계, 그 불퇴전의 전망이 조금씩 열려가는 일이다. 다른 사람이 되는 것이며, 정신진화론의 맥락 속에서 자신보다 더 큰 자신을 새겨내는 일이고, 자기구제의 희망을 실현해가는 길이다.

조각난 지혜로 세상을 마주하다

일본, 혹은 우리가 실패한 자리

: '일상생활의 인문학'이란 무엇인가

"과거를 생각해내고, 그 존재를 위해 기원하고, 미래를 마주 본다過去を思い出し, その存在を祈り, 未來に向き合います."[1]

중국과 일본은 우리 정신문화사에서 빛과 그림자 같은 존재였습니다. 특히 '왜놈'으로 각인된 일본은 불구대천의 원수이면서 또 한편 지근의 이웃으로 우리의 현재와 미래를 공유할 수밖에 없는 관계이지요. 이번 강의는 일본이라는 '그림자'(혹은 빛)가 거꾸로 한국을 어떻게 드러내고 있는지를 살피고 따집니다. '자기라는 증상'이 늘 자기를 숨기듯이 역사적 피해자 의식에서 비롯된 일본에 관한 선입견이 한국의 자기 이해를 어떻게 왜곡하고, 민족정치적 이데올로기가 이웃의 삶과 그 마을의 일상人紋을 또 어떻게 감추고 있는지를 밝힙니다. 이는 식민지의 경험과 이후 이어지는 친일親日에 대한 정확한 이해를 위해서도 요긴한 분석이며, 무엇보다 이 땅의 학인들이 자기 정신의 일부를 장악하고 있는 동아시아적 물매나 그 반동적 저항과 대면하기 위해서도 필수적인 과제입니다. 이 땅의 지성은 오랫동안 중국과 엮여 있고 일본과 도착적으로 꼬여 있습니다. 특히 일본과의 역사정치적 꼬임에서 벗어나지 않고서는 우리에게 세계사적 정신은 없을 것입니다.

　'책상의 권리 원천은 일상'이라고 했지요. 새로운 삶의 가능성과 실천의 노력이 없는 한 새로운 인문학도 요원합니다. 이 강의에서는 일본의 일상을 엿보면서 그 인문人紋을 우리와 대별시키고, 이로써 일본에 집혀 있는 멍든 자의식 너머에서 조형될 새로운 인문학 공부의 희망을 톺아봅니다.

1. '내부로부터의 극일'

가까운 이웃을 제대로 보기는 어렵다. 가까움은 대개 상처의 진원지이므로, 상처 속에서는 그 상처에 대해서 객관적으로 말하는 것조차 불가능하다. 애증이 얽혀 있는 가족처럼, 이웃도 흔히 생채기투성이의 역사적 관계를 맺는 법이고, 원망과 멸시의 굴절된 시선에서 자유로울 수 없다.[2] 특히 우리처럼 일본에 의해 일방적으로 해코지를 입은 경우, 그리고 그 일본이 이미 우리와 관련된 어두운 과거를 딛고(혹은 그 과거를 제대로 반성하거나 보상하지 않은 채) 세계적으로 명망 있는 입지를 누리고 있는 경우 문제는 더 어려워진다. 이 난경의 알짬은 둘 사이의 관계를 매개로 미래를 호혜적이며 창의적으로 열어갈 수 없다는 데 있다. 아니, 상처와 원망 속에서는 현재를 제대로 살아내는 것마저 어렵다. "외상적 스트레스는 현재 속에서 충분히 살아 있을 수 없도록 만드는 질병이다."[3]

일본은 옛날에 원수의 나라였고, 지금은 초강대국이자 문화 선진국이며 또한 우리의 지근에 있는 이웃이다. 두 나라는 피해자-가해자 입장으로 그 역사가 겹치고 여러 쟁점이 얽혀 있다. 동아시아 삼국(중국, 한국, 일본)은 러시아와 미국의 직접적 이해관계와도 관련 있어 지정학적으로 늘 복잡하고 중요하며, 그중 한국은 최약체의 소국으로, 오랫동안 중국의 제후국諸侯國이었다가 20세기 이후 일본의 식민지, 그리고 미국의 꼬붕子分 노릇을 해오고 있다. 내가 말한 이른바 '쪽바리(왜놈) 콤플렉스'와 '빨갱이 콤플렉스'는 곧 20세기의 불행한 지정학적 사실이 빚어놓은 집단적 트라우마이자 정신의 질병이랄 수 있다. 물론 이 질환은 민족주의의 외양을 띠고 있으므로 그 실체를 제대로 파악하기가 더 어렵다.

이 글은 이러한 역사적, 집단적, 이데올로기적, 그리고 피해자주의적 콤플렉스를 인정하고 여기서 벗어나야만 한다는 주장[4]에 터한다. 그러나 현실적으로 벗어날 수 있으리라고 보는 것은 아니다. '국민'은 이러한 주장의 주체가 되기 어렵기 때문이다. 국민은 워낙 민족주의적 이데올로기를 넘어서기 어렵고, 특히 한국처럼 역사적 피해와 더불어 지정학적 결착이 계속되고 있는 상태에서는 더더욱 그러하다. 그래서 이 글의 취지는 국민이 아니라 학인 개개인을 주체로 하고 공부길과 생활 정치의 현장을 그 임상臨床으로 삼는 바탕 위에서 개진된다. 이 땅에서 공부하는 학인으로서 특별히 일본과의 역사정치적 얽힘/꼬임에 묶여 있고서는 이른바 글로컬glocal한 현실을 바르게 이해할 수 없을 뿐 아니라, 더 중요하게는 '일상생활의 인문학'이라는 점에서 유례없는 성취의 한 정점을 이룬, 게다가 우리와는 떼려야 뗄 수 없는 관계를 맺고 있는 일본인들의 생활양식을 공부길의 자리에서 완전히 배제함으로써 그 장단점을 가려 취해 배우고 우리 자신을 되돌아 이해하며 키울 절호의 기회를 놓치게 된다. '국가(민족)가 진 곳에서 개인(학인)이 이긴다'는 생각은, 정신의 궁지를 타개하기 위해 내가 오랫

조각난 지혜로 세상을 마주하다

동안 궁리해본 지론이며, 국민과 민족의 허울을 뒤집어쓴 채 살고 공부하는 개인으로서의 내가 제시해온 실천 지표 중 하나다. 한국은 일본에게 약자이자 피해자였지만, 학인 개인으로서의 나와 우리는 '내부로부터의 극일克日'을 꾀할 수 있고, 이는 공부하는 학인들이 주체가 되어 새로운 공부길을 더불어 걷고 새로운 삶의 양식을 실천하는 중에 얻어질 것이다.

2. '속았다!'

"외국인들의 방문조차 다른 어디서나 마찬가지로 빈둥거리고 게으름 피우는 조선의 주민들을 무기력에서 깨우지 못한 것으로 보였다."[5]

"도시의 성곽은 여기저기 무너져 있고, 아무도 수리할 생각을 하지 않는다. 조선에서는 '개선改善'되는 게 아무것도 없다."(같은 책, 80쪽)

"서울에서는 (…) 진흙벽과 초가지붕, 드문드문 있는 몇 채의 기와집, 그리고 구역질 나는 오물이 전부다. 일본의 도시에는 어둠이 찾아오면 수천 개의 종이 초롱이 빛을 발하고, 상점과 집에는 등불이 켜진다. 거리에는 가로등이 불을 밝히는데, 이미 여러 곳이 전등불로 되어 있다. 서울에 밤이 찾아오면 온 천지가 깜깜하고, 여기저기 겨우 희미한 불빛만 깜박거릴 뿐이다."(같은 책, 197쪽)

"일본인들은 조선인들이 자신들보다 세 배나 많이 먹는다고 말하는데, 나는 이 사실을 중국인과 일본인, 그리고 조선인이 거의 같은 비율로 평화롭게 살고 있는 항구 도시 제물포에서 여러 번 확인할 수 있었다. 중국인과 일본인은 일정한 시각에 식사를 하는 반면, 조선인은 아무 때나 먹는다."(같은 책, 86쪽)

조각난 지혜로 세상을 마주하다

"백성들이 불만에 차 있다는 것은 조선 내의 가장 보편적인 상황이다."[6]

2014년 나는 처음으로 일본에 두 달가량 체류하면서 '생활'하게 되었는데, 내 첫인상은 '속았다!'라는 한마디에 집약되었다. 나는 그제야, 일본에 대한 내 인식이 충무공과 안중근, 그리고 유관순과 여운형의 사이를 오락가락하고 있었다는 사실을 온몸으로 뼈저리게 깨달았다. 그때까지만 해도 김옥균이나 윤치호나 이광수나 최남선의 고민에도 도달하지 못하고 있었다. 나는 이때의 체험을 '일본, 혹은 어떤 차분함에 대하여'(『집중과 영혼』, 2017)라는 글로 정리한 바 있다. 내게 처음으로 일본의 '생활'이 보이는 순간이었고, 그 비평적 반조返照로서 아프게 다가드는 우리의 모습에 눈뜨는 시기였으며, 생활양식으로서의 인문학적 실천에 새롭고 힘있게 나설 수 있게 된 계기였다.

'조센징朝鮮人은 게으르고 더럽고 믿을 수 없다!朝鮮人は怠惰で汚くて信じられない!' 나는 소싯적부터 이 말을 익히 알고 있었고, 또한 이 말이 왜, 어떻게 쓰이는지도 알고 있다고 생각했다. 물론 그것은 왜놈倭들의 말이었다. 받침도 없어 땍땍거리는 발성의 말을 뱉으며, 간교하고 음탕한 데다, 글보다는 칼을 숭상하는 난쟁이 오랑캐들이 우리의 금수강산을 총칼로 강탈한 후 식민주의 우매화 정책의 일환으로 흩뿌린 아무 근거 없는 소문이라 여겼던 것이다. '우리'는 다 그렇게 생각했다. 그 '우리'의 외부에 서는 일은 실질

적으로 불가능했기에, 우리 모두는 피해자 의식에 바탕한 저항적 민족주의에 떠밀려, 그 모든 것은 왜놈들의 잘못이고 우리는 그저 죄 없고 운 없는 백의민족일 뿐이었다고 '생각'했다. 그러나 '게으르고 더럽고 믿을 수 없다'는 왜놈들의 비난은 그 진앙지로부터 거의 100년이 지난 후 우연히 일본을 찾은 내게 무슨 계시truth bomb처럼 날아들었다. 그것은 '일본인들의 생활'의 내면을 체험함으로써만 가능해진 소식이었다.

일본은 무엇보다 깨끗한 곳이었다. 가령 내가 살고 있는 밀양密陽과는 아예 비교조차 할 수 없었다. 물론 '깨끗하고 상냥한 일본淸潔で優しい日本'이라는 이미지는 이미 세계적으로 널리 먹힌 것이긴 하다. 다만 내 감각으로 직접 체험했다는 사실이 중요했다. 나는 「소우지掃除하는 일본」(『집중과 영혼』)이라는 글에 이 모습을 담았는데, "무섭게 청소를 (하)"며, 또 "불가사의하게 청소를 해댄다"(같은 책, 479쪽)로 그 사정을 압축했다. 왜놈들이 100년 전 조센징을 '더럽다'고 폄훼한 지적은, 그 모든 지적이 자신의 개입에 의한 반조인 만큼 여태도 유효해 보였다. 내가 30여 차례나 일본여행을 하던 중에 그들의 일상을 헤집고 다니면서 놀랍고 부럽고 또한 부러워서 슬펐던 기억은 이루 헤아릴 수도 없지만, 각별히 인상적이었던 것은 상인/직인商人/職人의 행태7였는데, 그들은 상상할 수 없을 만치 부지런해 보였고, 내가 치른 그 모든 거래에서 온전히 믿을 수 있는 행태를 보여주었다. 바가지도, 습관적인 불친절도, 어떤 종류의 서비스에서든 이유 없는 방치나 연기延期도 없

　　　　　　　　　　조각난 지혜로 세상을 마주하다

었다. 최소한 내 경험세계 속에서 이 판단은 한 치의 어긋남도 없었기에, 나는 이에 관한 한 그곳의 공기—"그곳의 '공기'가 내게 전해주는 자못 물질적으로 느껴졌던 신뢰감"(같은 책, 527쪽)—마저 부러웠다.

특히 편의점이나 슈퍼마켓 등에서 일하고 있는 직원과 알바생들의 표정 및 태도, 그리고 대인접물하는 모습은 한국의 풍경에 익숙한 나에게 실로 경이로웠다. 내가 만난 수백 수천 명의 일꾼 중 단 한 명도 휴대폰을 놀리거나 멍하니 딴청을 부리거나 꼼수로 시간을 죽이거나 손님의 동선을 방해하거나 하는 사람은 없었다, 혹은 최소한 없어 보였다. (내가 '애용'하는 이곳 밀양의 탑마트에서는 거의 모든 남자 직원이 일없이 거들먹거리면서 바장이고, 휴대폰을 놀리거나 동료 직원들과 히히덕대며, 한결같이 비만한 몸집을 뒤룩뒤룩 굴리며 내 동선을 방해한다!) 내 시선 아래 그 누구도 게으르지 않았고, 나와 시선이 합치는 순간마다 인사를 건넸으며, 예약하거나 기대한 약속은 예외 없이 잘 지켜졌다.[8] 나는 그들이 한결같이 유지하고 있는 이러한 사회적 미덕에 취해서 거듭 안타깝게 우리 자신을 돌아보게 되었고, 그 미덕이 통으로 가져올 사회적 비용의 절감을 진심으로 부러워했다. '조센징은 게으르고 믿을 수 없다'는 비난이 객관적이든 그렇지 않든, 일본인의 일상을 통과하면서 내다본 우리의 풍경이 '비교적' 그렇게 평가될 수밖에 없었다는 점은, 역시 100년 후인 지금도 어김없는 사실이었다. 태가트 머피는 "평범한 일본인은 진지하게 자신의 책임을 다한다"[9]고, "(일본 기업의) 서비스 수준과 품질

은 딴 나라에서는 오직 꿈에서나 바랄 수 있는 경지"(같은 책, 365쪽)
라고 했지만, 그것은 내게 참으로 '꿈', 바로 지근의 이웃에 펼쳐져
있는 꿈이었다. 그리고 그 꿈속에서 바라본 우리 현실은 아직도
'게으르고 더럽고 믿을 수 없'는 것이었다.

조각난 지혜로 세상을 마주하다

3. 일상생활의 인문학을 위하여
미학적인 일본과 도덕적인 한국

"내 말과 내 글이 지향하는 대로 내 업業과 삶이 실존한다면 글 같은 건 더 이상 쓰지 않아도 되리라. 알맞게 먹고 정갈히 씻어 엎어둔 밥그릇이 그날의 일기를 능히 대신하고, 삼간 행동과 반성들이 고해기도를 무용하게 만들 것이다."[10]

근사近思해서 행지참동行知參同하는 게 '어딜 가든 공부 아닌 게 없다無往而非工夫'라는 인문학 이념의 형식이다. 최아란의 인용문처럼 '대신'하고 '무용'하게 할 수 있다면, 어쩌면 그것으로 그만이다. 혹은 연암 선생이 그린 '예덕穢德 선생' 속의 모본 정도라도 되면 족할 수 있을 것이다. 물론 그것마저 연암이라는 당대 최고의 석학이자 문장가의 손에서 조성된 이미지임을 잊지 않는 게 좋다. 근사, 즉 심어추요尋於芻蕘하듯이 비근한 곳에서부터 사유를 시작하는 일이 공부의 시작이라면 그것은 우선 제 몸과 제 터를 돌보는 일일 것이다. 그래서 수기지학修己之學이 우선이고 그다음이 치인지학治人之學이며, 위기지학爲己之學이 먼저고 위인지학爲人之學은 나중이다. 그리고 수기지학/위기지학의 처음은 제 몸과 제 터를 학인답게 갈무리하는 것이다. 제 앞가림을 못 하면, 저 자신을 구제하지 못한다면, 공부니 무엇이니 하는 것은 아무 소용이 없을 터다.

터는 제 몸己과 남人을 매개하는 자리이므로 공부하는 자의 일상에서 제 터(장소)를 정연하고 정갈하게 만드는 일은 빠트릴 수 없다. 터를 통해 제 마음을 다스리고, 그 터를 통해 자신의 생활과 존재를 증명하며 또 터를 통해 타인과 교통한다. 이른바 '장소화'를 강조한 뜻이 여기에 있으며, 무엇보다 몸으로 살아가는 사람은 그 삶의 터Sitz-im-Leben에 얹혀 있으므로 터는 몸에 관해서 일종의 존재구속성Seinsgebundenheit을 전前의식적으로 행사하게 된다. 나와 너의 관계는 터(장소화)를 매개로, 촉매로 삼아 이루어지고, 이 매개/촉매에 의해서 나와 너의 내면도 더불어 재구성된다. 수신지학이든 혹은 치인지학이든 장소화는 일상생활의 인문학을 위해서 필수 조건인데, 예부터 그 기본은 몸 주변을 깨끗이 하는 일이다. 『소학』에서도 소쇄응대掃灑應對를 공부길의 처음으로 삼았듯이, 수행이든 공부든 마음을 깨끗이 하려는 자라면 우선 몸과 그 주변을 깨끗이 하는 게 대략 순리에 맞는다.

신유한申維翰(1681~1752)의 『해유록海遊錄』(1719)은 조선통신사의 일원(제술관)으로 일본에 다녀온 일을 기록하고 있는데, 교토에서 에도에 이르는 길이 "평평하고 곧고 티끌이 없다"[11]고 적었다. 앞서 인용한 바르텍이 거의 200년 후 조선의 서울을 여행하면서 "똥으로 가득한 길을 철벅이며 걸어가야만 했다"(바르텍, 82쪽)고 술회한 것과 극히 대조된다. (하기사 이곳 밀양에서는 21세기인 지금도 어디에서나 개똥이 나뒹굴고 있고, 심지어 조금 으슥한 곳이라면 하아얀 종이를 덮어놓은 사람 똥마저 드물지 않다.) 박제가 등의 실학자들이 한탄한 것처럼 조선은 상업을 천시한 탓에 수레도 반 반한 길도 없었지만, 일본은 한국보다 산야山野가 더 많은데 도 문화와 제도와 행태가 판이해서 도로망이 동뜨게 개선된 것 이다.

일본의 청결함은 역사적으로는 미학주의적 문화와 깊이 관련 있어 보인다. 한국이 대체로 유교-기독교에 (이중적으로, 그러니까 비 도덕적으로) 감화된 도덕주의적 사회라고 한다면 일본은 미학주의 적 사회다. 일본의 국가 종교와 같은 위상을 지닌 신도神道도 "깨 끗하게 하는 것清めること 외에 다른 관심이 없(고) (…) 깨끗하게 해 서 신을 섬기(는)"12 것뿐이다. 마찬가지로 "선불교 역시 일본의 고 급문화에 끼친 영향이 지대하다"(머피, 74쪽)는데, 이는 사무라이 문 화와 결합해서 이들 무사계층의 미학적 외양을 가꾸는 데 결정적 인 영향력을 행사했다.13 예술가로서도 일가를 이룬 일본의 검성 劍聖 미야모토 무사시宮本武藏(1584~1645)는 '달마대사 이후 선종禪 宗의 계보 중에서 가장 불가사의한 인물로 검술가로 살면서 성불成 佛하려고 하였다'14고도 평가받는다. 무사시에게서 특이하게 드러 나는 이러한 무사미학武士美學은 앞에서 시사한 대로 한국 같은 도 덕주의적 사회에서는 제대로 접근하기도, 이해하기도 어렵다. "역 사상 일본만큼 복색服色이나 서예 실력 등에 집착했던 무사는 없 다"(머피, 74쪽)고 하는데, 이는 한국 같은 문사주의 사회는 물론이 거니와 중세의 몽골 같은 전투 집단 사회에서도 찾아보기 어렵다. (청결의식이나 질서의식, 그리고 정밀 산업 등등 독일은 일본과 여러 면에서 겹치

는데, 흥미롭게도 제2차 세계대전 중 독일군의 복장이 각별히 맵시·스타일이 있고 윤기 흐르게 깨끗했다는 사실이 지적되곤 한다.) 예컨대 일본이 전쟁범죄에 대해서 우리를 포함한 외부세계의 지속적인 비판과 비난에도 불구하고 엉뚱한 반응을 보이거나 때론 몽따는 듯한 태도로 일관하는 데에는 이 같은 일본의 무사미학주의적 태도와 서구의 종교도덕주의적 인생관의 어긋남이 자리한다.

한편 머피의 설명에 따르면 "일본의 생활 속에 녹아 있는 정교한 취향과 그 세련됨은 헤이안平安 궁정의 귀족적 미학에 뿌리가 있다"(머피, 56, 106쪽). 나는 10여 년 전 교토에 잠시 체류하던 중 어느 박물관에 들렀다가 일단의 일본 귀족(왕족?)들을 목도했는데, 그들은 일생 내가 만나본 종류의 사람들이 아니었다. 우선 복색이나 외양 일체가 특별했고, 그 운신이나 표정, 태도와 말씨 등은 여항의 서민들과 완전히 달랐다. 당시의 나는 그저 잠시 위화감에 휩싸였을 뿐이고 그들은 그저 구경거리에 불과했지만, 훗날 천황제에 관한 정치사회적 문제의식과는 별개로 이들의 존재가 일본 사회에 끼친 상징적, 미학적 가치에 관해 여러 생각을 곱씹어 볼 수 있었다. 이를테면 신분상으로 함께 평등해져서 배금주의 아래 모조리 상스러워지는 사회가 민주주의-자본주의 사회[15]의 대세라면, 정치사회적 평등에 제도적 견제와 층차層差를 둠으로써 정신미학적 여지를 여전히 남겨두려는 사회도 있을 수 있다. 현명하게 유지되는 왕정이나 상징적 귀족제에서는 이런 '정신적 귀족주의'(베버)의 물매나 아우라를 엿볼 수 있지만, 현실의 평등제는

　　　　　　　조각난 지혜로 세상을 마주하다

시장자본주의에 함몰돼 이런 낡은 가치에 대한 관심과 여유가 없다. 자유와 평등이 자본의 손아귀에 얽혀 있는 곳에서 명예나 충성, 혹은 미학을 위한 자리를 얻기는 어려울 것이다. 아무튼 우리처럼 전통을 박멸함으로써 급속/농축/타율적 근대화에 성공(?)하고, 생활의 전부가 돈과 권력을 향해 전신의 촉수를 뻗고 있는 사회에서는 인문학적 성숙과 더불어 미학적 충일充溢에의 아쉬움이 더 짙어진다.

사무라이 미학과 귀족주의적 미학에 이어, 일본의 심미의식은 집단주의/군국주의의 제도를 통해 굴절된다. 메이지 유신으로 대변되는 일본 근대화의 기초도 사회적 청결화社會의淸潔化였는데, 다만 이것이 군대식 체계화를 통해서 재구성되었다는 점이 특징이었다. '군인은 국민의 정화精華'이며 '군대는 국민의 학교'라는 게 메이지 시대의 표어였다.[16] 1886년 메이지의 문부대신 모리 아리노리林有禮(1847~1889)가 공표한 '사범학교령師範學校令'에 의하면 '사범학교의 관리는 '육군훈련법'에 따른다'(같은 책, 29쪽)고 했다.[17] 당시에는 심지어 학교 행사의 일부인 소풍도 군대식 편제를 띤 행군行軍이었고, 운동회도 '평시의 전투'라고 선전되었다.(같은 책, 30쪽) 1881년에 제정된 '초등학교 교원수칙小學校教員心得'에 의하면 '언제나 학교를 청결히 하'도록 독려되었고, 1897년의 문부성 훈령 '학교 청결 방법'에서는 교사와 기숙사의 청결 유지에 관한 세부 지침을 내렸으며, 당시의 장학관이 시찰 시 최우선으로 주목한 것은 '교사校舍의 청결'이었다고 한다.(같은 책, 59쪽) 일본을 여행하거나 그곳에 체류할 때마다 경이롭게 여겨졌던 일본의 깨끗함은 이처럼 헤이안의 귀족주의, 사무라이 미학, 불교(선교)적 적정寂靜의 미학, 그리고 군국주의의 집단주의와 계보학적으로 관련을 맺고 있다.

조금 다르게 보자면 이러한 미학주의는 이른바 '시선사회視線社會, しせんしゃかい'의 문화와 직간접적으로 이어져 있다. 시선사회란 달리 표현하자면 '시선공포사회'라고도 할 수 있다. 미나미 히로시南博는 이것이 일본인에게 특유한 '타인을 어렵게 여기거나 사양함氣兼ね'의 태도 혹은 체면의식의 과잉 덧이라고 지적한다.[18] 더 나아가 시선 주고받기에 과민한 이 경향은 "에도시대의 엄격한 신분의식이 낳은 사회 심리"이며 "메이지 이후 서양의 시선에 촉각을 곤두세우는 사회 심리와 결합되어 더 강화되었다"(같은 책, 64쪽)고 해석한다. 나는 이미 '남을 보지 않는다'(『집중과 영혼』)라는 제목을 단 일련의 글에서 이 점을 집중적으로 조명한 바 있다. 남을 (일없이) 쳐다보지 않는 태도는 고립된 현상이 아니라 일본(인)을 구별 짓는 적지 않은 특징[19]과 연동되어 있으므로 쉽사리 지워버리거나 사사화할 수 없다.

나는 앞서 언급한 글에서 "우선 자신들의 '기능'에 일차적으로 충실하며, 좀처럼 그 기능 이외의 부분으로 미끄러지지 않는다"(김영민, 앞의 책, 503쪽)라는 식으로 이 현상과 관련되는 배경 하나를 설명하고자 했다. '남을 보지 않는다'는 것은 그 시선이 자신과 자신의 내부로 향한다는 것이다. 가토 슈이치加藤周一(1919~2008)는 이

조각난 지혜로 세상을 마주하다

처럼 자기 내부로 향하는 '주관주의'를 일본 문화의 근본원리라고[20] 밝힌 바 있다. 인간관계의 기본적 정향인 시선을 통해 '남에게 폐를 끼치지 않으려는人に迷惑をかけないよう' 태도, 외경畏かしこ의 태도를 말하며, 베니딕트가 '수치심의 문화恥の文化'라고 지적한 대로 삶의 기본적 규율을 신학이나 형이상학이 아니라 타인과의 관계에 놓은 현실주의를 가리킨다. 일본식 장인匠人しょうじん으로 대표되는 직인문화職人文化와 그 윤리도 삶의 기본을 우선적으로 자신의 일, 직업, 그 기능을 잘 수행하는 데 두는 것으로서 이것 역시 에둘러 (랜스레, 일없이) 남을 쳐다보거나 훔쳐보지 않는 태도의 연장으로 볼 수 있다.

이상하게 들리겠지만 일본의 행인들이 나를 (일없이) 쳐다보지 않는다는 사실을 알아챈 일은 내게 그야말로 경천동지의 경험이었다.[21] 그러나 수없이 많은 한국인이 일본에 다녀오면서도 이 점을 각별히 언급하는 것을 들은 적은 없는데, 조금 우회해서 평하자면 이것이야말로 한국의 인문학은 선발용, 내부 경쟁용 혹은 위세용의 제도권 인문학일 뿐이며, 생활양식적 감성에 터해서 일상-책상 사이의 비평적이며 창의적 교호가 이루어지지 않고 있다는 사실을 극명히 드러내고 있다. 철학과 인문학은 학인 개인들의 삶과 그 형식 속에서 쉼 없이 지속되는 언어소통적, 미학적, 권력비평적, 그리고 초월적 관심과 실천들이 천 권 만 권의 책과 서로 피드백하면서 지행참동知行參同의 변증법을 이루어가는 것인데, 사람들 사이의 관계 형성을 차별화하는 지점들에 이처럼 둔감하다는 것은, 외국의 이론을 수입해 아카데미아 안팎에서 이루어지는 경쟁용으로만 이용할 뿐, 우리네 삶의 현실에 조응하며 그 현실을 새롭게 재구성해가는 자생적 인문학이 생성될 수 없다는 사실을 낯뜨겁게 증명하고 있다. 제 삶의 터에서 솟아오른 이론을 얻고자 한다면 스스로의 생활양식에 유의하고, 이를 변화시키면서 인간 정신의 가능성을 톺아보려는 노력이 어찌 없을 수 있겠는가. 율곡의 『격몽요결擊蒙要訣』(1577) '지신장持身章'에서는 구용九容을 설명하는 중에 '눈(시선)의 모양을 단정히 하라目容端'는 말이 나오는데, 이는 '눈과 눈썹을 바르게 하고 시선을 올곧게 하며 곁눈질하거나 흘겨보지 말아야 한다定其眼睫 視瞻當正 不可流眄邪睇'는 뜻이다. 옛 선비의 자질과 자세를 21세기 시민-소비자들에게 곧이 적용할 수는 없겠지만, 법고창신의 흐름 아래 옛 전통과 문화가 각종 매개를 통해 변용·계승되고, 또 학인들이 세속을 횡행하면서 나름의 생활양식으로 제 몫을 해내고 있다면, 그러니까 "내 말과 내 글이 지향하는 대로 내 업과 삶이 실존한다면"(앞의 인용문, 최아란) 현금 우리가 목도하고 있는 이 상스럽고 적나라한 '눈알 문화'(!)는 없었을 법도 하다.

조각난 지혜로 세상을 마주하다

4. 역설, 혹은 일본식 집단주의와 한국식 개인주의

앞서 말한 대로, 헤이안 시대의 귀족주의적 미학과 무사미학에 이어 일본의 심미의식은 집단주의/군국주의의 제도를 통해 굴절되었는데, "나를 없애버리고 그 사회와 집단에 봉사하는 게 아름답다는 미학"(가토 슈이치, 128쪽)도 여기서 생긴다. 이것은 일종의 선공후사先公後私의 문화인데, 다만 이때의 공公おおやけ은 공평무사公平無私의 공이 아니라 당대의 현실을 지배하고 있는 권력체(조정, 국가, 관청)와 '조화로운 관계和わ를 맺는 것'(같은 책, 126쪽)에 가깝다. 이는 칼로 세상을 지배한 무인 정권이 긴 세월을 이어온 사실과도 밀접한 관련이 있고, 갖은 역사적 굴절에 의해 공권력에 알레르기 반응을 보여온 한국인들과 달리, 권력의 현실을 인정하면서 그 현실 속의 배치에 순응하고 각자 정해진 위상과 기량을 최대한 발휘하도록 노력하는 기질로 뻗어나간다. 나는 '동원 가능성'(『집중과 영혼』, 510~514쪽)이라는 개념으로 일본인들의 집체주의적 행동과 그 위험성을 경고하기도 했는데, 개인을 죽이고 집단의 현실적 필요와 그 대세에 순응하는 것은 한 편으로만 요약할 수 없는 명암과 장단이 있는 태도로서 한국과 일본의 정치사회적 차이를 드러내는 시금석이 되기도 한다.

가토 슈이치는 "대세순응주의는 집단 성원의 행동 양식에 나타난 현재중심주의"(같은 책, 125쪽)라고 한다. 그는 『일본문화의 시간과 공간』에서 일본인의 공간 표현이 집단주의라면 그 시간적 표

현은 현재주의라고 정리한다.(같은 책, 230쪽) 앞서 미학주의를 상설했지만, 미학적 향수享受는 현재주의일 수밖에 없다. 의고주의擬古主義에 빠지거나 개발지상주의로 내달리는 사회라면 삶의 현실적 미학에 온전히 마음을 쏟을 수 없는 것이다. 한편 대세순응주의는 무가武家가 세상을 지배한 데다 끊임없이 이어져온 재난사회災難社會, さいなんしゃかい의 운명에 집단적으로 대응해온 결과로 보이기도 한다. '천둥 번개 칠 때는 한마음 한뜻'이라는 속담처럼 재난의 공포와 현실이 일상적으로 이어진다면 사회 구성원들은 집단적으로 운신할 수밖에 없고, 그 모든 관심은 응당 현재 상황에 실무적으로 집중된다. 다른 글에서 나는 말/글로 싸우면서 끝내 '죽지 않(으려)는 문사文士'와 대조해서 '깨끗하게 졌다あっさり參った'며 세태勢態에 순응하는 무사의 태도를 공부론의 맥락에서 짚어본 적이 있는데, 승패의 대세에 곧이 따르면서 필요한 대로 타인의 장점을 배우려는 것은 일본이 우리와 갈라지는 중요한 지점이기도 하다. 19세기 중후반을 거치면서 서구 열강의 힘과 기술력을 목도한 일본이 '지면 배운다'는 입장으로 선회해 곧장 수많은 젊은이를 유학 보낸 것이 좋은 사례다. 1945년 8월 일왕이 패전을 공표하자, 일본의 전 국민이 하루아침에 집단적으로 '입장'을 바꿔 승전국인 미국에 거의 절대적으로 협력한 일을 두고 (맥아더를 위시한) 외부 사람들은 놀라워하곤 했다. 그러나 바로 그게 사무라이-일본이다. 지면, 바로 그것으로 끝난 것을 인정하고, 다시 배우고 닦아 새로운 시작을 기약하는 것.

조각난 지혜로 세상을 마주하다

여기서도 한국과 일본은 극명하게 다른 태도를 보인다. 일본은 한국이 '졌다'고 보는 것이지만, 한국은 일본에게 억울하게 '당했다'고 여긴다. 한국은 문제를 도덕적·명분주의적으로 해석하려는 편이고, 일본은 세태勢態의 높낮이에 현실적으로 순응하라고 한다. 한국은 문사의 명분주의를 내세우지만 일본은 무사의 현실주의를 물려받고 있다. 대세에 순복하려는 일본에 대해 한국은 비도덕적이라고 타매하지만, 일본의 현실주의에는 도덕이 아닌 윤리, 그리고 세勢와 미美가 있을 뿐이다. 한국은 개인으로 말하기에 집단으로 통할하기가 어려우면서도 한곳으로 쏠리길 잘하고, 일본은 집단으로 말하기에 묶기가 쉬우면서도 한데 모으기 어려운 늘 독특하고 기괴한 구석들이 각지에 숨어 있다.[22] 비록 이런 모든 구분이 이미 일반화의 오류를 벗어나진 못하고 자본주의가 두 나라의 현재를 지배하는 시대의 진정한 대세이긴 하지만, 상이한 삶의 자리에는 늘 그 나름의 삶의 흐름들이 생기는 법이므로 두 나라에 다른 길들(패턴)이 생길 것은 자명하다.

5. 법고창신, 혹은 우리가 실패한 자리

진실로 옛것을 본받으면서도 변화를 알고, 새길을 열면서도 상도에

밝아야 한다苟能法古而知變 創新而能典.

— 연암

　　현재주의를 대세순응주의에 연결시킨 것은 권력에 대한 태도의 맥락에서지만, 이미 시사했듯이 일본의 현재주의는 현저히 미학적인 것이다. 이어령의 말처럼 일본은 '접어서 작게 만들다折り疊む', 혹은 '속에 넣다込める'라는 말로 대변되는 이른바 '축소지향縮小志向의 사회'다. 특히 작은 상품과 물건에 정교하게 공력功力을 쏟아붓는 일이 메이드-인-재팬의 특징적인 브랜드 가치를 얻고 있는 것은 이 미학이 세부細部를 향한다는 사실을 밝힌다. 가토 슈이치에 의하면 '이 세부가 바로 현재'(가토 슈이치, 92쪽)이며, 일본의 현실적 감각주의에서는 매사 세부에서부터 시작해 전체를 향한다고 한다. 인문학적 감성이 워낙 정精과 숙熟을 지향하기도 하지만, 일상의 갖은 세부에 주목하고, 이를 정교하게 드러내거나 비평하며, 그것이 익히고 묵혀져 변화하는 과정에 희망을 두는 것이야말로 인문학이 그 현장을 보살피는 방식이기도 하다. 일상생활의 인문학이 성립하려면 일상의 소사小事와 그 이면을 주제화해 담론의 층위와 갈래를 다양화해야 하며, 주제와 소재, 관심과 인용에 대한 전통주의적·권위주의적 태도를 지양해야만 한다. 베블런

　　　　　　　　　　　조각난 지혜로 세상을 마주하다

의 말처럼 "이렇게 천박하고 세속적인 일상사를 과감하게 이론적 근거로 사용해야"[23] 하는 것이다. 슈이치는, '전체를 통으로 보는 것보다 세부로 향하는 관심이 내면화되면 그것이 곧 (일본인)의 습관이 된다'(같은 책, 197쪽)고 말한다. 이것은 앞서 말한바 일본인의 '주관주의'와도 상통한다. 자세하고精, 또 길게熟 살피고 따지는 습관이 곧 인문학적 감성이 되는 것이며, 부박하고, 한데 쏠리고, 시선이 늘 조략粗略하고, 관심과 호흡이 짧아서는 제 땅과 제 역사를 딛고 제 나름의 이론을 생산하는 인문학을 얻을 수 없다. 우리가 오랜 세월 봐왔듯이 외국으로부터의 수입상, 유통상, 도매상으로서의 학자들이 붕어빵처럼 찍어내면서 학계를 자폐적으로 운용해온 데에는 반드시 이런 배경이 있을 법하다.

현재주의와 세부주의 미학은 인생의 덧없고 짧음에 대한 감상에 의해 덧입혀져 있고, 이는 다시 현재의 감각적 경험에 집중되면서 미학적으로 해소된다. 인생의 덧없음浮世夢の如し은 종교적·미학적 인생관의 배경이 되지만, 특히 일본은 긴 세월 동안 지속된 무인 사회, 그리고 잊힐 만하면 반드시 되돌아오는 재난(지진, 태풍, 해일, 화산 폭발, 전쟁 등)이 중첩되면서 감각적 현실주의를 중시하고 이를 미학적으로 승화하는 예술과 문학이 특징적으로 드러난다. 가령 일본의 전통 연극인 가부키歌舞伎는 한국의 민중 연희나 서양의 연극, 심지어 발레와 달리 시간상 전후로 이어지는 서사가 중요하지 않고, 서사와는 동떨어진 묘사적 현재, 현재적 묘사를 강조한다. 가부키의 춤은 (일본의 미학이 현재의 감각적 경험에 집중한다고

했듯이) 현재의 정지한 움직임 그 자체에 묘미를 둔다. 노能에서도 동動 중에 정靜이 있게 하고 정 중에 다시 동이 뜨게 한다. "몸을 세차게 움직일 때는 발을 살며시 딛도록 하고, 반대로 발을 세차게 내디딜 때는 상반신에 힘을 주지 말고 조용히 유지하도록 해야 한다."[24] 그래서 외면이 아니라 내면으로 향하는 주관주의이며, "예술에서 꽃이라는 것은 마음에서 피어나는 것"(같은 책, 78쪽)이다. 마찬가지로 하이쿠俳句에서 보듯 일본의 서정시는 극단적으로 짧아, 표면적인 서사를 배제하고 한순간의 감각을 점묘한다. 에도시대의 대표적 하이쿠 시인인 바쇼(1644~1694)가 드러내는 시적 경험은 "감정적인 게 아니라 감각적이며 (…) 금세 일어나고 금세 사라져가는 것"(가토 슈이치, 88쪽)이다.

그러나 이 현재주의적 미학은 과거와 전통을 잊어버린 게 아니다. 현재의 미학적 감성을 과거와 창의적으로 결합하는 것은 한 시대의 정신, 그 정신의 깊이에 조응하는 학문예술적 성격, 그리고 그 사회적 삶의 인문주의적 질을 좌우한다. 바로 이곳에서 우리는 실패했으며, 이로써 우리 인문학과 철학은 제법 긴 세월 동안 외부에서 베껴온 이미지와 후렴구를 확대 재생산하는 데 만족해야 했고, 필경 지식인과 학자들의 앎과 삶은 원천적으로 어긋나거나 소외될 수밖에 없었던 것이다. 물론 이것은 어느 개인이 책임질 문제가 아니라 우리의 얼룩진 역사가 만들어놓은 구조와 제도와 문화로 소급되어야 한다. 도널드 리치는 일본을 설명하는 패러다임으로서 '연속성 안에서 진행되는 변화'라는 개념을 제시한다.[25]

조각난 지혜로 세상을 마주하다

연암이 말한 '법고창신法古創新'에 가깝다. 일본은 자기네 문화와 전통을 임의로 들어내거나 삭제하지 않는다. 그것은 외래 문화에 대해서도 마찬가지다. "일본의 사상사에는 다양한 개별적 사상의 좌표축을 형성하는 원리가 없고 (…) 모든 외래 사상이 수용되고 공간적으로 잡거雜居할 뿐이다. (…) 이렇게 해서 일본에는 뭐든지 있게 된다. 마루야마 마사오는 이것을 신도神道라고 불렀다."[26] 그러므로 표면상 하나의 현실이긴 하지만, 그 현실은 여러 층을 이루어, "일본 문화는 여러 층이 순서대로 쌓여 있는 형태"(리치, 177쪽)가 된다. 그리고 이러한 다층多層과 다면이 일본 문화의 정신적 깊이를, 그 실력을 담보한다. 변화와 신축新築에 내몰리고 쏠리는 한국과 달리 일본은 가능한 한 과거를 보존해가면서 이를 관리, 보수補修하고 쉼 없이 손질한다. 우리가 해체와 신축에 재바르다면 일본은 관리와 보수에 겸질기다. 우리가 탈고脫古를 능사로 알면서 급속하고도 비인문주의적인 근대화에 매진했다면, (자생적 근대화에 성공한) 일본은 비교적 법고 위에서 창신의 길을 꾸준히 걸어온 셈이다. "신칸센이 그 어느 열차보다 빠른 속도를 자랑하는 세상이 되었지만 목수들은 여전이 톱을 당겨 나무를 켠다."(같은 책, 178쪽)

10만 인구의 밀양을 품고 돌아가는 밀양강은 물이 썩어 발을 담그기도 어렵지만, 수변에는 실없이 번드레한 갖은 시설과 조명이 이 나라 근대화의 성격과 관료들의 수준을 단번에 드러낸다. 게다가 평균 일주일에 한두 차례는 이런저런 공사와 오리배 영업을 위해서 강의 수위를 제멋대로 바꾸니 그곳의 생태는 대체 언제 제자리를 얻겠는가. 세계 최고의 관광지인 데다 150만 인구를 보유한 교토 시가지의 한가운데를 내리닫는 가모가와강鴨川의 수변이 얼마나 깨끗하고 소박한지, 이곳 밀양의 시민들은 상상이나 할수 있을까. 밤낮없이 강변에 조명을 흩뿌리는 이곳과 달리 그곳에는 해만 지면 주변 생태계가 교란되지 않도록 아예 천변 조명을 끈다는 사실을 이곳의 관료들은 짐작이나 할까.

학문도 정신도 삶의 질도 역사의 긍지도 온고지신溫故知新과 법고창신의 이음매를 챙기고 그 흐름새를 신중하게 유지해가는 과정을 통해 깊고 건실하게 유지, 계승된다. 옛것과 새것이 병존하며 보완하는 관계를 맺는 것이 꼭 모순이 아니라는 사실은, 양파같은 중층中層을 이루면서 '연속성과 변화'를 동시에 포괄하는 일본의 일상과 그 제도 속에서 점점이 확인된다. 기술적 변화와 그편리함을 취하는 동시에 과거의 전통으로부터 면면히 내려온 문화와 관습은 사람들의 무늬人紋 속에 계속 남아 있다. 바로 이 인문이 유지되고 주목되고 주제화되면서 오롯한 자신의 인문학人紋學이 선다. 옛것이 타성이나 텃세처럼 온존하는 게 아니라 (과거 전통의) "의식이나 관습이 수준을 달리하는 집단이나 조직에 계승되어 그대로 유지되어왔다"(가토 슈이치, 11쪽)는 데 특징이 있다.

교토에 체류하고 있을 때만 해도 이런 종류의 경험을 무수히접할 수 있었다. 그중에서도 어느 주택가의 한 모퉁이에서 집을짓고 있던 세 남자 일꾼의 모습은 영영 잊을 수 없다. 한국에서는

조각난 지혜로 세상을 마주하다

한 번도 보지 못한 표정과 태도와 운신이었으므로, 필설로 다 옮길 수는 없지만 이들은 마치 무슨 수행자 집단을 방불케 했다. 그 도구나 자재나 겉으로 드러난 체제는 극히 '현대적'이었지만 사람들은 마치 천년의 자리를 지키고 있는 듯했다. 빵집의 젊은 제빵사도 그랬고, 호텔의 메이드도 그랬고, 아무 편의점의 아무 점원도 그랬고, 헌책방의 주인 영감도 그랬고, 내가 자주 찾던 밥집(정식옥 定食屋)의 주인 부부도 그랬다. 시스템은 미래를 향하고 있었지만 사람들은 과거의 아우라와 품격을 달고 있었다. 그 환경이나 시설이나 도구나 체제는 극히 편리하고 청결했건만 사람들은 공순하고 친절하고 재바르고 웅숭깊어 보였다. 놀라고 부러워하던 게 일일이 나열할 수 없을 정도였으되, 아, 지하철과 버스에서는 아무도 휴대폰으로 통화하는 이들이 없었다. 아니, 처음 며칠간은 눈이 설은 탓인지 교토 시내에서 아예 휴대폰을 보기가 어려웠다. 두 달 가까이 체류하던 중 매일같이 이용하던 지하철 안에서 휴대폰 통화를 하던 사람은 단 둘이었다. 한 사람은 영어를 사용하던 백인이었고, 또 한 사람은 중국인이었다. 그리고 그들 일본인은 최소한 겉보기에 이 백인과 중국인에게 아무 눈치를 주고 있지 않았다. 휴대폰이든 자동차든 혹은 그 무엇이든, 기계와 사물들은 그곳 생활의 현장 속에서 우리와는 매우 다르게 접속되거나 '배치'되고 있었다. 테크놀로지와 전통이 사람들의 태도와 언행과 동선을 매개로 묘한 인문人紋을 이루면서 병존하고 있었다.

인문주의적으로 살필 때 한국이 크게 실패한 곳은 간단히 말해 법고창신의 길이 폐쇄된 것이다. 무능하고 부패한 왕조가 백성과 소외된 채 나라의 명맥을 건사하지 못했고, 이어지는 식민지의 경험은 공적 영역에 대한 불신과 더불어 역사의식의 혼란을 초래했으며 일본에 대한 적절한 거리감을 놓치고 항용 그 애증이 극단으로 치달았다. 해방 공간은 이데올로기 갈등과 권력투쟁의 도가니가 되어 민족의 인적 잠재력을 대거 거세했을 뿐 아니라 이로써 국권을 제대로 세우지 못한 채 주변 열강의 정략에 휘말려들어감으로써 동족상잔의 참화를 빚고 말았다. 이후 반 토막이 난 탓에 한반도의 양쪽이 공히 치러야 할 비용은 실로 상상할 수 없을 정도여서, 물자의 배분에서부터 정신의 향배에 이르기까지 그 모든 삶의 자산은 심하게 침식되고 말았고, 그 균열과 왜곡의 후과는 지금도 지속되고 있다. 미국이 펼친 우산 아래 근대화의 길에 들어선 남한이 독재 정권을 거치면서 차츰 자유와 평화의 가치에 눈뜨고 삶의 질과 인문주의적 가능성을 돌보게 되었지만, 이미 200년에 가까운 정신의 황폐와 그 후과는 공부하는 이들에게조차 벗겨내기 어려운 폐습이 되기에 이르렀다. 역사는 청산되거나 굴절되거나 물화物化되고, 미래는 온통 자본주의의 홈통 속으로 미끄러져 들어갈 뿐이다.

시대의 흐름 속에서 제 역사를 읽어내 지남으로 삼고, 첨단의 기술과 제도가 전통을 청산하며 배제시키는 '굴러온 돌'이 되는 게 아니라, (김교신이 기독교를 그런 식으로 이해했듯이) 전통을 내재적으로 통합시켜나가는 주체적 촉매가 되게 하며, 이를 구체적인 문화

조각난 지혜로 세상을 마주하다

와 관습 속에서 구현해내고, 또한 학인과 시민들은 제 일상의 소소한 생활양식을 통해 이런 주체성을 살아갈 수 있는 것이야말로 앎과 삶을 소외시키지 않는 인문주의적 토양이 될 것이다. 일본은 이 점에서 운이 좋았고 꾀바르고 효율적으로 운신한 듯 보인다. 주지하듯이 일본 문화는 이미 근대화/공업화 이전부터 동시대의 서양과 비교해서도 왕청뜨게 '세속화'되어 있었다. 전통과 현대 사이의 불협화와 소외를 덜 겪을 수 있는 사회문화적 기반이 있었던 셈이다. 또한 전술했듯이 고도의 산업화로 인해 과거의 전통이 썰물을 이룰 때에도 제 역사 속에서 면면히 흘러내려온 의식儀式과 관습은 여전히 명맥을 유지하며, 이는 일본인들의 삶과 앎의 자리를 좁히고, 그 인문주의적·예술적 감성을 숙성시키는 데에도 이바지했다.

7. 국가가 실패한 자리에 학인 개인이 다르게 개입한다

갖은 편견과 저항을 물리치고 일본의 실체를 들여다보는 것은 우리가 실패한 자리를 반조적返照的으로 대면하는 일이다. 이는 쉽지 않은 과제이지만, 우리의 자기 이해를 위해서나, 지근의 이웃인 일본과의 선린우호를 위해서나, 학인으로서 심층근대화에 덧붙여 나갈 일상생활의 인문학적 조형을 위해서나 매우 유익하고 긴요한 일이다. 그 이유는 '쪽바리 콤플렉스'가 '빨갱이 콤플렉스'와 함께 우리 시대 우리 민족을 속으로부터 옥죄면서 착시를 일으키는 가장 중요한 정신적 장애이기 때문이다. 내부로부터의 정신적·인문주의적·생활세계적 극일克日이 없으면 우리에게 더 이상 세계적·보편적 정신이 탄생할 수 없다는 절박한 눈뜸이 있어야 하고, 이에 부응하는 개인 학인으로서의 애씀이 있어야만 한다. 이 과제는 국가 단위에서 풀어야 할 숙제이긴 하지만 미상불 불가능하기에, 이 글에서는 이 과제를 공부하는 학인 개인의 책임으로 전환시켜려 한 것이다.

조각난 지혜로 세상을 마주하다

누가 이들을 죽였는가

: 노무현, 노회찬, 박원순의 자살에 관하여

자살은 인간의 삶에서 어떤 지표가 될 수 있을까요. 시간 속의 변화는 피할 수 없는 사실이고, 그 변화의 끝은 돌이킬 수 없는 죽음이긴 해도, 자살은 변화에 임의의 매듭을 지어 그 '무엇'을 표시합니다. '바람 속의 재ashes in the wind'와 같은 자연사自然史로부터 솟아오른 이 의지意志는 그의 삶을, 그 지향을, 그리고 어긋남을 드러냅니다. 그 지표와 지향은 그의 자살- 수행과 더불어 잠깐의 진실이 되었다가 영영 해석의 미궁으로 사라지고 맙니다. 이렇게 자살은 서사가 되지 못한 채 비극이 되곤 하지요. 게다가 자살자는 늘 그 행위의 적실성이나 파문波紋을 충분히 감안하지 못하고, 남은 자는 이미 닫힌 문 너머의 진실과 그 타자성에 전율할 수밖에 없습니다.

노무현(1946~2009), 노회찬(1956~2018), 그리고 박원순(1956~2020)은 셋 다 경상남도 출신의 정치인입니다. 그리고 셋 모두 60대 초반에 스스로 세상을 버렸습니다. (그래서 2024년에 예순하나가 되는 경남 출신의 조국이 그 모진 모욕에도 불구하고 자살의 강을 넘어서, 심지어 창당까지 한 일은 흔연한 일입니다.) 셋 다 어떤 '의혹'의 그림자를 뒤로한 채 쫓기듯, 혹은 비웃듯 목숨을 버렸지요. 그리고 무엇보다 세 사람은 긴 세월 이 땅의 민주화를 위한, 사회적 약자와 소수자들을 위한 삶을 살아왔습니다.

이번 강의는 노무현, 노회찬, 박원순의 죽음을, 그러므로 그 삶의 성격과 지향을 다룹니다. 이와 함께 그들의 자살과 관련된 몇 가지 인문지리학적 추정을 바탕으로 공통된 이치를, 의미를 살피고자 합니다. 따라서 이른바 '애매한 텍스트'의 주변을 깊고 느리게 배회하면서 그 속에서 배어나오는 이치와 맥락을 살피는 일은 이번 강의에서도 관건이 됩니다. 세상에는 도덕조차 짐스러운 듯 여기며 살아가는 사람이 있는가 하면, 스스로 제 윤리倫理를 만들어 죽음을 선택하는 이도 있습니다. 그리고 바로 이 윤리에 수반되는 양심은 때로 유일회적 실존의 불확실성existential precariousness을 번개처럼 뚫어버리곤 합니다. 그래서 양심은 '사건적'입니다. 그러나 이 세 사람의 자살 속에는 어떤 사건적 양심이 번득였을지 누가 알 수 있을까요.

1. 존재의 이웃, 죽음의 주체

생로병사의 돌이킬 수 없는 기울기가 일체고一切苦의 내용이다. 그래서 인생관은 곧 사생관死生觀이 된다. 카프카의 명구처럼 '인생의 의미는, (참으로) 그것이 끝난다는 데 있다Der Sinn des Lebens ist, dass es aufhört'고 해도 좋다. 인간만이 지닌 정신의 힘 덕/탓에 인간의 죽음은 이미 자연사自然死/自然史가 아니다. 죽음 속에도 인간의 삶은 적극적으로 개입하고 있는 것이다. "삶의 소박한 명료성과 충족감 속에서 죽을 수 있었던 옛 농부"[1]는 더 이상 존재하지 않으며, 역시 베버의 진단처럼 문화 재산들에 둘러싸인 채 살고 죽는 이들의 세계는 죄의 증표와 함께 피할 수 없는 무의미성에 노출되어 있기 때문이다. 죽음을 시간 너머에 방기하지 않고 삶의 일부로서 적극적으로 조형하려는 태도는 이렇게 생긴다.

이른바 실존주의existentialism는 이처럼 무의미한 삶과 돌이킬 수 없는 그 삶의 한계인 죽음의 문제를 주제화한다. 이러한 관심 속에서 죽음은 어떤 다른 가능성에 의해서도 능가되지 않는 확실한 현실성이 된다. 그것은 '확실한 한계'이자 (어떤) '가능성의 조건'인 것이다. 그러나 대개 그것은 한계일 뿐이며, 죽음에 처한 사람은 사건·사물에 주체적으로 응하는役物 방식이 아니라 떠밀려 내몰리는役於物 꼴로 종말을 고한다. 다른 한편 소크라테스의 죽음이나 운서주굉雲棲袾宏(1535~1615)의 『왕생집往生集』에 수록된 불자들의 임종을 그린 이야기는 죽음의 사실에 부대끼며 사라지는 죽음의 객체가 아니라 '죽음의 주체'를 등장시킨다. 이를 내 식으로 표현하자면, 삶의 전 과정에서 자신의 죽음을 이해·수용할 뿐 아니라 그 죽음을 탐색과 수행의 매개로 선용하는 태도다. 죽음 앞에서 도피하지 않는 것, 즉 (내 표현으로) '죽음의 주체'가 되는 일은 하이데거의 말처럼 삶의 본래성Authentizität을 회복하는 것이기도 하다. 그러나 그의 말처럼 죽음을 용기 있게 인수하고, '죽음 속으로 선구先驅하는 결단Vorlaufende Entschlossenheit zum Tode'을 실천하며, 이로써 가능해지는 '무無의 자리지킴이Platzhalter des Nichts'[2]를 떠맡는 것 등등은 언제나 그 표현에 비해 행위가 늘 애매하며 쉽지 않다. 인간이 '존재의 이웃Der Mensch ist der Nachbar des Seins' (하이데거)이 되고 '무(죽음)의 주체'가 되는 길은, 다시 말해 제 실존과 정신의 고유한 가치를 자각하고 이를 실천하며 책임지는 일은 어떻게 가능해지는가.

조각난 지혜로 세상을 마주하다

2. 양심의 빛, 혹은 도약으로서의 자살

사람이 태어날 때는 스스로 그 태어남을 알지 못하지만, 죽음과 마주하고, 또 그 죽음을 결행할 때는, 경우에 따라 바로 그 도약에 의해 새로운 태어남을 기약할 수 있다. 더구나 자살의 형식이란 워낙 이런저런 내몰림에 의한 죽음이므로, 이 위기에 대응하는 어떤 정신의 모습, 그리고 그 모습이 생성하는 양심의 빛은 새로운 탄생의 도약을 기약하기도 한다. 그 삶의 실존적 궁지를 끊고 무의 자리를 향해 또 다른 도약에 나설 수 있는 배경은 그 위기의 순간에는 까마득히 잊혀버린 지난 삶의 무게이자 비밀이며, 또한 그러한 삶이 위기를 촉매로 불러일으킨 어떤 '양심'일 것이다. 물론 모든 자살의 순간에 양심의 사건이 태동하는 것은 아니며, 심지어 모든 자살을 굳이 해석해줄 필요가 있는 것도 아니다.

에밀 뒤르켐은 아노미적 자살anomie suicide과 함께 이타적, 그리고 이기적 자살을 말한다. 복잡다기한 인간의 현상에 관한 설명이라면 늘 '애매한 텍스트'성性을 떨쳐버릴 수 없긴 하지만, 이런 유의 자살은 대개 설명할 수 있다. 그리고 설명의 조사照査 아래 드러나는 인간의 행위는 근본적으로 양심의 것이 아니다. 양심의 사건이 번쩍이는 순간은, 마치 인격의 알속이 잠시 현시되는 자리에서와 같이 초월성의 자취처럼 어느새 멀리 숨어 들어가버리기 때문이다. 그런 뜻에서 오르테가 이 가세트의 말처럼 인격이나 양심은 세속에 속하지 않는다. (나는 근자에 다른 글에서 여자의 어떤 '충실성'이 바로 이런 차원의 초월성에 닿아 있는 게 아닌가, 하는 상상을 펼친 적이 있다.) 역시 내가 오래 즐겨온 개념으로 고쳐 말하자면 그것은 주어가 아니라 술어적이며, 명사가 아니라 동사 혹은 부사적이고, 소유가 아니라 표현적인 현상이다. 마찬가지로 인격이나 양심은 실존적/초월적existential/transcendental이어서 법의 자리에 얌전히 내려앉지 않는다. 혹은 간디의 말처럼 '양심의 문제에서 다수의 법은 설 자리가 없다In matters of conscience, the law of the majority has no place'고 해도 좋다. 양심의 문제에서, 혹은 그 영혼의 문제가 걸려 있는 경우에는, 사실과 변명에 구분이 없으며, 제 스스로의 개입에 완전히 밝을 수 없는 개인의 해명은, 그것이 사실이라고 하더라도 이미 변명이 되고 만다. 이 글의 주제가 된 세 사람의 자살을 포함해서, 변명이 없는 자리란 대개 어떤 위기적 사건에 봉착한 이들이 자신의 실존적 응대를 통해 드러내는 마음의 경계일 것이다.

조각난 지혜로 세상을 마주하다

3. 변명이 없는 자리 1
혹은 불퇴전

하이데거는 나치 전력을 꼬리표처럼 달고 다녔으나 그 전력을 해명하지 않았다. 그에 대한 여러 비판은 그의 존재론의 균열에서부터 사상의 내적 붕괴를 추적했지만, 그는 그 균열의 사실에 내내 침묵했고 필경 이 침묵 탓에 그의 사유는 내적으로 더 견고한 신비성을 얻었다. 물론 그 신비성은 아무도 보증할 수 없는 것이며, 심지어 종교적 몽매주의의 일종으로 조롱당하기도 한다. 민주화 투쟁의 길을 걸었고, '1980년대의 가장 빼어난 문학적 성취'(백낙청)를 이루었으며, 100권의 책을 쓴 시인 고은은 성추행 의혹을 전면적으로 부인했다. 그리고 "시인으로서의 명예를 유지하면서 계속 집필할 것"이라고 했다. 그러나 '시인으로서의 명예'는 이미 궁색한 변명으로 보인다. 양심에 법의 자리가 없듯이 시인에게 명예의 자리는 필요 없기 때문이다. 고은은 시민적 명예의 자리를 지키려고 시인의 영혼을 오염시키는 발언에 휩싸였다.

나 스스로 오래전부터 '변명은 슬프다'고 했고, 변명-하기와 공부길의 경계를 관련지어 설명하기도 했지만, 변명을 하지 못하는, 혹은 체질적으로 꺼리는 사람이 있다. 대개 변명은 배신의 작은 일부로서 가능한 것이었다. 그러나 혹자의 영혼에게는 변명 tergibersation이 곧 그 자체로 배신 tergibersation이 된다. 어쩌면 이 영혼이야말로 진정한 시인의 자리를 지키고 있는지도 모른다. 왜 그런

가. 시詩는 오직 변명하지 않는 자의 화술話術로서만 존재하기 때문이다. 법法이 무너지는 자리와 시가 무너지는 자리는 다르기 때문이다. 사회적 명예와 인격은 다르고, 도덕과 영혼의 길은 다르기 때문이다. 죽기보다 '쪽팔림'이나 '꼴사나움'이 더 싫은 사람이 있는가 하면, 진리보다 한 줄의 좋은 풍자시를 원하는 이들도 있고, 또한 자살보다 인격의 모멸과 영혼의 오염에 더 예민한 사람도 있다.

예민함의 강도는 우선 그가 밟아온 삶의 양식Lebensweise이 만든 일관성의 온축, 그 무게에 있다. 사람의 존재와 그 영혼은 결국 삶의 무게로서만 바로 설 수 있기 때문이다. 한나 아렌트의 유명한 보고서나 영화 「아주 평범한 사람들」(2022)이 잘 묘사하고 있듯이 선량한 보통 사람들이라고 해서 꼭 양심의 사건적 분출(어떤 위기적 사건에 대한 대응 속에서 드러나는 자기 양심의 에피파니epiphany of conscientiousness)을 내장한 감성을 보유하고 있는 것은 아니다. 실력이나 깜냥이 반복된 행위를 통해서 가능해진 불퇴전不退轉의 버릇이랄 수 있는 것처럼, 변명이나 사회적 페르소나의 체면보다 우선 자기 영혼을 구제하려는 시인적 감성은 제 나름의 견결한 삶이 성취한 불퇴전과 길고 깊게 관련된 것이다.

4. 변명이 없는 자리 2
정신의 일관성으로

노무현과 노회찬과 박원순은 오명, 혹은 누명을 쓴 채 세상을 등졌지만 별스러운 변명을 남기지 않았다. 이 변명 없음은 오만일 수도 있고, 체념일 수도 있으며, 비극적 화해일 수도 있고, (어떤 남자들의 경우) 삶의 마지막 순간까지 버리기 어렵다는 '허영'일 수도 있다. 어느 쪽이든 확언할 수 없지만, 나는 '비극적 행위를 통해 삶의 전부를 통합³하려는 이 최후의 결정'(루카치)을, 앞서 말한 대로 '삶의 무게로서만 바로 세울 수 있는 인격의 존재와 영혼의 문제'로 보고자 한다. 아무나 속이는 자도 있고, 세상 전체를 속이는 자도 있지만, 어떤 사람에게는 자기 자신을 속이는 게 가장 어려운 노릇이다. 과오의 크기와 정도를 따지자는 게 아니지만, 이들은 자신의 등 뒤를 검질기게 물고 따라붙는 세속의 도덕적 정산定算을 역시 도덕적으로 방어하지 않았다. '네 눈 속에 있는 들보를 보아라!'라고 말하지도 않았다. 흠결이 없을 리 없는 공인公人으로서의 긴 궤적을 삶의 일관성, 그리고/그래서 가능해진 '정신의 일관성geistliche Konsistenz'(니체)으로 구제해온 이들이 위기를 넘어서는 유일한 방식이란 게 그저 '변명-없이'였던 것이 아닐까. 오해와 모멸의 시대에 자기 자신을 지키는 유일한 방식은 혹 이것밖에 없었던 것은 아닐까. 정치政治를 정正으로 여기던 전통은 진작 무너지고 오직 꾀權/奇가 활보하는 또 하나의 세속에서 정치적 커리어의 정상에 도달한 이 세 명의 정치인은, 자기 과오의 흔적을 고스란히 등에 짊어지고 아직도 남아 있는 영혼의 냄새를 맡으며 지상을 등진 게 아닐까. 베버의 말처럼 '정치는 뇌로 이루어지지 몸과 영혼의 부분으로 이루어지는 게 아닌 것Politik wird mit dem Kopfe gemacht, nicht mit anderen Teilen des Körpers oder der Seele'이라면 말이다. 정치라는 게 그 근본에서 악마와 손을 잡는 일이라면, 이들은 바로 그 '근본에서' (혹시) 정치인이 되기에는 미흡했던 것이 아닐까. 그러므로 이들의 자살은 필경 아웃사이더가 권력의 내부에 진입함으로써 발생시킨 존재의 비용이 아닐까.

조각난 지혜로 세상을 마주하다

5. '지는 싸움'의 운명과 '이기는 버릇'의 전망

염치에 밝고 그래서 타인에게 쉬 미안해하는 이들이 있는가 하면, 철면피하도록 남의 작은 흠결을 떠들고 버르집는 이들도 있다. '기울어진 운동장'이라는 말이 이 관계에서처럼 잘 들어맞는 경우도 없을 것이다. 꾀權와 실력實力은 이 기울기를 현명하게 상쇄할 수 있는 쐐기 같은 것이지만, 항용 쐐기는 기울기를 버티지 못한다. 말하자면 도덕의 방패盾로 도덕의 창矛을 이길 수 없으며, 염인廉人은 염인厭人의 제물이 되고 마는 것이다. 이들에게는 '지는 싸움'의 운명이 있을 뿐, '이기는 버릇'의 전망은 아예 없는 것일까. 이미 정치의 길을 걸었고, 따라서 대중의 시선과 원망願望에서 자유로울 길이 없어, "억울함의 긴 터널을 넘어 되돌아갈 수 없는 하얀 의욕을 얻는 일"(김영민, 『차마 깨칠 뻔하였다』)은 영영 불가능할 것인가. 스스로 양심을 생성시키는 사람은 정치의 (선한) 권력[4]에 손을 대지 말아야 할까.

6. 누가 이들을 죽였나
PK와 TK(S)

그동안 아무도 주목하지 않았지만 노무현, 노회찬, 박원순의 자살에는 몇 가지 희유한 공통점이 있다. 이 희유성을 구성하는 사실 하나는 이 셋이 모두 경상남도 출신의 정치인이며, 게다가 권력의 최정점에 근접했다는 것이다. (이 글의 관심사는 아니지만, 부산 태생의 조국 역시 정치인으로 변신해서 이와 같은 희유성을 공유하게 되었다. 그리고 2024년 봄, 아직은 이르지만 그의 행보를 가늠하면서 벌써 '대권'을 떠올리는 이들도 있다. 그러나 '다행히' 조국의 출신과 성장 배경은 이들과 매우 다르다.) 이 사실이 희유한 것은, 해방 이래 이러한 사례('경상남도 출신의 정치인으로서 권력의 최정점에 근접했다가 자살한 사실')가 전무했다는 점, 게다가 이 같은 사례가 약 10년(2009~2020)이라는 짧은 기간에 셋이나 겹친다는 점에서 도드라진다. 이 희유성에 탐색 가능한 패턴지(知)적 가치를 더하는 추가 항목이 있다면, 셋 다 진보 성향으로 평생 민주화 투쟁과 사회적 약자의 권익 보호를 위한 노력을 지속해왔다는 것이다. 여기에 결코 사소하지 않은 한 가지를 더 보태자면, 이들은 모두 각자의 사회적·정치적 성취와 입지에도 불구하고 서민과의 일체감을 유지하고자 애썼을 뿐 아니라 실은 그들 스스로의 체질상 서민적이었으며, 권력의 자리에서도 외모나 태도는 여전히 소박했고 심지어 얼마간 '상스러운' 구석조차 있었다는 것이다. (이런 점에서도 부산 출신의 조국은 살짝 다른 인물로 보인다.)

조각난 지혜로 세상을 마주하다

거부巨富의 집안 출신에 아무튼 서울대를 나오고, '세상과 타인을 향해 미안해할 것을 당당히 요구했던' 거제도 태생의 김영삼(1928~2015)과 아주 다르게, 이들 셋 다 소시민적 출신과 성장 배경을 지녔다. 그리고 마치 운명인 듯 약자와 소수자의 삶을 대변하고자 했다. "허균(1569~1618)은 자신의 지위와 성취에도 불구하고 스스로 위엄을 버리고 미천한 자들과 자신을 대등하게 대우하였다"(허경진, 『허균 평전』)고 했는데, 이들에게도 공통되게 그런 점이 있었고, 특히 상고商高 출신의 아웃사이더 노무현은 이로 인해서 대통령직에 오르고 난 후에도 주류 기득권으로부터 '천박'하다고 무시·모욕당하곤 했다.

넓은 정신문화적 지평에서 볼 때 이 셋의 죄는, 소시민적 출신과 성장 배경을 가지고 권력의 최정점을 넘봤다는 데 있다고 해도 좋을 것이다. 시쳇말로, 주제넘게, 암암리에 작동하고 있는 우리 사회의 계급계층적 분리선을 감히 넘어섰다는 것이다. 그리고 이 계급계층적 표지의 첫 장에 있는 게 바로 (반쯤은 세습되다시피 하는) '취향'인데, 각자의 기질과 이념적 지남에 의해 조형된 이들의 취향은 한국의 주류 기득권 세력의 취향과 충돌한다. 이른바 주류 기득권 세력의 보수주의적 '품위-정치decency-politics'가 작동하는 것이다. 이 충돌은 화해시키기 어려운데, 베버의 말처럼 "교양과 취향의 장벽은 신분적 차이 중 가장 내면적이고 넘기 힘든 것"이기 때문이며, "취향만큼 한 사람의 '계급'을 분명하게 확정해주고, 이것만큼 틀림없이 한 사람을 '분류해'줄 수 있는 것도 없"[5]기 때문이다.

그러면 이러한 무시와 구별짓기와 분류의 주체는 대체 누구일까? 혹은 이 셋을 자살로 몰고 간 힘들이 원근법적으로 모이는 소실점은 어디일까? 그것은 필경 이들의 출신 성분과 취향을 '본질적으로' 인정할 수 없는 기득권 지배계층이며 그 카르텔적 효과일 것이다. 나는 이것을 넓은 의미의 'TKS 복합체'(S는 서울. TKS는 대구 경북을 뿌리로 삼고 이 뿌리[6]를 지닌 채 서울에서 활동하는 줄기들의 광범위한 권력·이익 연합체를 가리킨다)로 여긴다. 다시 말해 TK의 문화·정치 이데올로기에 습합되었거나 동조하는 기득권 카르텔이다. 그러나 이러한 분류의 가설에 일리가 있다고 하더라도 왜 하필 그 비극적 객체(대상)가 PK 출신들인가 하는 점은 또 다른 문제다. 우선 일반적으로 말해 영호남·좌우 갈등의 도식에 따르면 TK의 상대 객체는 전라도, 특히 광주(KJ)가 돼야 하지 않는가? 이문열의 '너, 전라도지?'라는 발언 속에서 증상적으로 낙인되고 호명되었듯이, '전라도·빨갱이'가 박정희-박근혜의 땅이 대척점으로 지적해야 하는 대상이 아니겠는가?

하지만 이 답은 간단하다. 우선 전라도(KJ)는 TK(S)의 맞잡이가 되지 못하기 때문이다. 2020년 인구 센서스에 의하면 영호남의 인구 차이는 80만 명을 넘어선다. 권력의 창출과 운용에서 인구의 중요성은 여전하다. 박정희 정권 이래 호남이 영남의 맞잡이가 될 수 있었던 것은 김대중이라는 독특한 사례가 유일하며, 이후 정동영이나 이낙연, 혹은 송영길의 사례를 통해 알 수 있듯이

조각난 지혜로 세상을 마주하다

개인의 객관적 능력과 무관하게 호남 출신의 정치인으로서 권력의 최정점에 근접하는 일은 (거의/당분간) 불가능해 보이기 때문이다. 지난 대통령들의 출신 지역별 통계를 보더라도 TK(S)의 맞상대는 KJ가 아니라 오히려 PK다. (TK 출신은 박정희, 노태우, 박근혜 등이고, PK 출신은 김영삼, 노무현, 문재인 등이다. 그러나 전두환은 그 출신지가 비록 PK이지만 TK/PK의 분류에 포함하기에 적절치 않은 군인-깡패였을 뿐이다. 첨언하자면 혹시 이재명이 대권을 잡을 경우, 그의 출신은 TK일망정 그의 출신 계층이나 성장 배경, 이념과 태도에서는 오히려 PK로 분류해야 할 듯하다.) 그러므로 서울이라는 무대를 통해 얽히고 꼬이는 정치판의 맞수는 TK(S):PK라고 보는 게 더 적실할 것이다.

그러면 왜 PK는 (TKS와 달리) PK(S)가 될 수 없는가? 이것은 대구(230만 명, 2023년)에 비해 100만 명이나 많은 인구를 보유한 부산(330만 명, 같은 해)이지만, 전국적으로, 혹은 서울을 매개로, 어떤 실질적으로 유효한 표상들에 의해 대변되고 있는가를 살피는 문제가 된다. 이는 별도의 독립된 논제가 되겠지만, 여기서는 자초지종을 생략하고 결언만 밝히면 부산은 이른바 '전국구적' 표상 대변 능력에서 대구에 비해 현격히 떨어진다고 봐야 한다. (2024년 3월 MBC의 「100분토론」을 통해 2024년 총선을 진단하고 예측하는 방송을 몇 차례 이어간 적이 있다. 이 대담에 진보 측 패널로 유시민씨가, 보수 측 패널로 유승민씨가 출연했다. 이들이 함께 나와 어떤 논의와 논쟁을 하든, 일반 시청자들에게 살짝 가려져 있는 중요한 사실은 둘 다 TK 출신에다 서울대 졸업생이라는 것이다.) '사람(인재)은 서울로 보낸다'고 하지만, 얼마 전까지만 해도 이는 대구까지만 해당될 뿐이며 부산은 서울로 가는 이 인재선人才線, 혹은 권력의 선, 혹은 문화자본의 선에서 탈락·소외되어 있었다. 내 개인의 경험으로 살펴도 부산은 거의 고립된 봉토封土이며 제 잘난 맛에 살아가는 지역의 토호土豪들이 각 영역에서 폐곡선의 텃세권을 형성하고 있을 뿐이다. PK가 TK와 달리 PK(S)를 이루지 못하는 이유는 역사사회적 맥락(비유하자면, 영남 문벌의 아성:한국전쟁 중의 국제시장)과 더불어 이처럼 PK가 긴 세월에 걸쳐 독립한 듯 고립되어 있었기 때문이기도 하다.

여기서 잘 살펴야 할 점은, 이 세 정치인이 TK(S)가 아니라 PK라는 사실이 양가적 가치를 지닌다는 데 있다. 만약 이들이 KJ였다면, 이들은 권력의 정점에 근접하지 못했거나 혹은 그랬더라도 비극적인 최후를 맞기보다는 권력의 언덕 너머로 미끄러졌을 가능성이 더 크다. KJ는 전술한 배경과 맥락에서 주로 반체제dissident나 보충supplement의 역할을 할 뿐 남한 권력의 정점에 오르기는 어렵기 때문이다. 급기야 근년의 전라도는 전통적인 반체제의 노릇으로부터도 철수했고, 어느새 화해와 포섭의 대상이 되고 만 느낌이다. 물론 앞서 말했듯이 김대중은 유니크한 예외이며, KJ에서 그와 같은 비중의 정치인이 다시 등장하기를 기대할 수는 없다. 반체제나 보충이라고 했지만, 가령 충청도는 KJ와 달리 '반체제가 아닌 보충'에 머물고 있는 편이며, 이른바 DJP(김대중-김종필) 연합이란 곧 이 반체제와 보충의 연합이라고 명명해도 그리 이상하지 않을 것이다. PK의 사실이 지닌 양가적 가치란, 첫째, KJ 정치인

조각난 지혜로 세상을 마주하다

들과 달리 경상도라는 공유점에 힘입어 이들 PK 정치인은 권력의 정점에 접근할 수 있는 여건과 배경을 얻는 데 비교적 유리하지만, 둘째, 바로 이 탓에 이들은 TK(S)의 맞상대가 되는 위험을 자초하고, 이로써 내적 차별화의 저항과 박해에 노출된다는 점이다.

나는 다른 글에서 "TK의 시야에 포착된 빨갱이, 전라도, 예수쟁이의 풍경은 한마디로 특권계층의 전통적 교양, 미학, 그리고 그 제도에 영영 가닿을 수 없는 어떤 비루한 대상으로 해석된다"[7]고 평했다. ('예수쟁이' 담론이 이곳에 등장하는 게 의아하게 여겨질지 모르겠지만, 상설하진 못해도, 다만 TK가 전라도-충청도-서울로 이어지는 한국 개신교 벨트로부터 얼마간 소외된 지역이라는 사실을 떠올리면 충분하겠다.) 나는 이 세 정치인의 꿈과 행태, 심지어 그들의 정치적 진보성까지를 외려 '비루한 것'으로 매도하고 모멸하는 역사사회적 문화가 있(었)다고 보며, 이 문화는 이들의 출신 성분, 그리고 이와 관련된 취향과 태도를 자신들과 동급으로 수용할 수 없는 TKS 복합체를 통해 구체적으로, 암암리에, 그리고 구조적으로 작동하고 있다고 여긴다. 또한 약술한 것처럼 이 기득권 카르텔의 표적(주적)이 되기에 가장 적당한 이들이 바로 (감히!) 권력의 정점에 근접한 노무현, 노회찬, 박원순이었다고 판단한다. (이와 대조적으로 문재인이 임기 말까지 가장 높은 지지도를 얻은 데에는, 그가 PK 출신의 진보 정치인임에도 불구하고 줄곧 '양반스러운', 중도中道의[애매한?] 태도를 잃지 않았다는 사실이 어느 정도 영향을 끼쳤으리라고 짐작된다.) 이 셋은 TK(S)는 아니지만 경상도 출신이라는 배경으로 권력의 정점에 근접할 수 있었는데 이 점에서 전라

도 출신이라는 지정학적 약점(과 같은 것)을 모면할 수 있었다. 그러
나 바로 그 근접성 탓에 이 셋은 오히려 주류 기득권으로부터 생
사를 건 저항과 비난에 직면한 것이다.

조각난 지혜로 세상을 마주하다

7. 최고의 사람들이 없는 무대에서
최선의 사람들은 희생자가 된다

여운형(1886~1947)처럼 때로 거인들은 시대의 격랑에 부딪히면서 비극적 완결 속에 스러져간다. 물론 이때의 '완결'이란 정치적 부면의 것이 아니라 한 생애 전체를 내적으로 통합하려는 조망에서 생긴다. 만약 그가 진정한 거인이라면, 이 비극적 완결은 그의 꿈과 삶의 간극을 메우려는 최후의 통합적인 시도가 될 것이며, 이는 오직 비극적으로만(가령 소크라테스나 예수나 토머스 모어 혹은 이순신처럼) 성취된다. 노무현과 노회찬과 박원순도 어쩌면 그들의 꿈과 삶의 간극에서 생겼던 그림자와 흠결을 안고, 그 간극을 메우려는 최후의 비극적 시도 속에서 생을 마감했을 법도 하다.

이 세 정치인이 걸어온 길과 죽음에 이른 사연을 인간 개인의 차원에서 톺아보자면 그 개략만으로도 한량이 없을 것이며, 양심과 인격이 현시되는 순간의 초월성처럼 어떤 평자도 그들 각각의 내면을 직관할 도리는 없다. 그들은 원래 아웃사이더였거나 혹은 스스로 아웃사이더의 길을 선택했지만, 아웃사이더로서 권력의 중심부에 진입했다는 사실에 의해 치명적 아이러니의 존재가 되고 말았다. 이들은 지나치게 인간적이고 그래서 충분히 '정치적'이지 않았기에, 범려范蠡(기원전 536~기원전 448)의 보신적 지혜에 이르지 못했던 것일까. 최고의 사람들이 없는 무대 위에서는 언제나 최선의 사람들이 희생자가 된다. 이들이 자신의 그림자를 벗겨내지 못한 탓에 스스로 목숨을 던질 때 어쩌면 바로 그 그림자가 외려 세속의 땅에 남은 최선의 빛인지도 모른다.

조각난 지혜로 세상을 마주하다

정신과 표현

: 표현주의 존재론과 정신 진화론에 관하여

인간은 참으로 표현表現에 극성을 부립니다. 좋게든 나쁘게든 말이지요. 정신은 지향성Intentionalität의 역동이므로 한시도 가만있지 못하고 그 마음의 속내와 솜씨, 관심과 희망을 드러냅니다. 정신적 존재인 인간은 표정expression이 곧 표현expression입니다. 또한 인간의 경우 자기표현에서 배제된 게 곧 소외alienation지요. 예술이나 문학 혹은 종교 등속만이 표현인 게 아닙니다. 인간의 삶 그 전체가 바로 표현의 무대이자 성취인 것입니다. 성자聖者나 달인도 그들만의 표현 속에서 살아가며, 두어 살 먹은 아기에게도 자기표현이 있고, 연쇄살인범도 나름의 흔적·표현을 통해 제 모습을 드러냅니다. 정신과 삶이 있는 존재라면, 그 존재는 곧 표현의 연쇄로 드러납니다.

이번 강의에서는 (정신적) 존재를 표현주의적으로 해명하고, 이를 진화론의 맥락에서 살피는 가운데 가능한 존재의 미래, 혹은 그 가능성을 사유합니다. '세계가 없다면 신은 신이 아니Ohne Welt ist Gott nicht Gott'라면서 신(정신)에 있어 표현은 그 존재의 조건이며, 정신은 필연적으로 세계를 정립(표현)한다고 말하는 헤겔식 표현주의가 중요한 참조점이 될 수 있습니다. 더불어 다윈적 진화론에서 한 걸음 더 나아가 '정신의 진화'(베이트슨)를 현실로 인정하고, 정신을 자기표현의 형식이자 지향으로 이해하면서 인간 정신의 가능한 변화를 상상해봅니다. 도킨스가 유전자의 표현형 효과phenotype-effect를 말했지만 나는 '정신의 표현형 효과'를 말하려는 것입니다.

인간의 삶은 방향을 지닌 표현력이며 그 성취입니다. "술어가 되고 주어가 될 수 없는 것이 의식"(니시타 기타로)이라 했듯이 표현이 되지만 소유

가 될 수 없는 게 곧 인간 존재인 것입니다. 인간 정신을 포함한 존재 일반

이 물화物化, 소유화, 혹은 '기술적 중계점'(하이데거)이 되고 있는 때에, 이

글은 '표현인간학'을 제시합니다. 표현(력)이야말로 인간 정신의 알짬이며,

응대가 사회적 진화의 매개인 것처럼 표현은 그 정신 진화의 촉매가 됩니

다. 인간은 표현으로 자기 존재를 증명하고, 이로써 그 존재는 미래를 향

합니다.

1. 얼굴이라는 표현

사람의 얼굴은 그것 자체가 하나의 표현expression이다. 실로 표정이 없는 얼굴은 없기 때문이며, 표정expression이란 사람의 얼굴에 특유한 표현이기 때문이다. 그러나 무엇을 표현하고 있는 것일까? 얼굴 용容은 '담다/받아들이다', (그래서) '속에 든 것' 등을 뜻하는 말인데, 이런 식으로 사유하자면, 그것은 '속에 들어 있는 것'이 표면에 자연히 드러나면서 남기는 형적形迹일 것이다. '얼굴은 속이지 못한다'라고 한 것은, 세상 물정物情을 두루 익히고 스스로 낮은 중심을 닦는 학인이라면 누구나의 얼굴이든 그 표현하는 바를 읽어낼 수 있다는 말이다. 나는 패턴지의 형식을 통해 이 문제를 언급하기도 했지만, 긴 세월 공부하던 중에 특히 '얼굴을 통해 볼 수 있는 것'은 일종의 화두처럼 내 마음의 경계를 나타내는 표시가 아닐까 했던 것이다. 그리하여 종종 '내가 보는 것을 남들도 보는가?'라는 의문에 휩싸이곤 했다. 아무튼 '속에서 이루어진 것은 밖으로 드러난다成於中形於外'고 한 이치의 일단이 여기에 있다. 무릇 얼굴이란 번연히 자신의 이력을 드러낸다. 슈바이처는 "마흔이 되면 누구나 자기 자신의 삶이 준 얼굴을 갖고 있고, 예순의 나이가 되면 스스로가 성취해낸 가치만큼의 얼굴을 지니게 된다Mit vierzig Jahren hat jeder das Gesicht, das ihm das Leben gegeben hat, und mit sechzig das Gesicht, das er verdient"고도 했는데, 그 말이 그 말이다.

그러면 얼굴은 왜 그 내면을 표현하(드러내)고 있는 것일까? 얼굴이야 그냥 골격 위의 살덩어리일 뿐, 결국 하나의 사물에 불과한 것이지 않을까. 얼굴이 얼굴-표정인 것은 그것이 사물을 초과하는 순간에 포착되는 게슈탈트Gestalt일 것이다. 정신이 무젖고 있는 게슈탈트의 경우에는 부분+부분=전체, 가 아니라 부분+부분(+정신)=(얼굴과 같은) 게슈탈트, 의 형식이 된다. 만약 사물이 사물일 뿐이며, 그래서 그것이 사물을 벗어나지 못할 때 그것은 표현·표정이 되지 못한다. 요컨대 사물이면서 사물을 벗어나는 곳에서 내면(밀)성이 표현되며, 그것은 결국 정신성Geistlichkeit에 다름 아니다. '정신은 사물을 벗어난(나려 한)다'는 게 이 강의의 기본 전제 중 하나다. 물론 정신이 사물과 길항하며 이를 벗어난다는 사실을 알리는 방식이나 특징은 여럿이다. 가령 샤르댕의 유신론적 우주 진화론에 의하면 인간의 정신이 '성찰적introspectif'으로 변하는 순간 그것은 이미 다른 차원의 존재가 된다. 혹은 니콜라이 베르댜예프에 따르면, 인간이 '인격적'이 되면 세상(사물)의 과정 속에는 틈이 생기고 이런 (세상에 대한) 불연속성이 인격적 존재의 본질을 이룬다.

그리고 이 벗어남(초과)의 모습을 가장 손쉽고 역력하게 엿볼 수 있는 곳이 바로 사람의 얼굴이다. 예컨대 레비나스도 '얼굴은 영혼이 명백히 표현되는 곳'이며, 특히 인간 영혼의 내적 통일성이 얼굴의 형상을 통해 드러난다고 했다. 사람의 얼굴에는 그의 정신이 드러나 있다. 무릇 정신은 자신을 표현하지 않을 수 없다. 얼굴의 물리적 형태도 표현형phenotype의 일종인데, DNA에 새겨진 잠재적 능력(유전자형genotype)이 환경과 상호작용하는 중에 발현(표현)된 것이다. 사람의 정신 속에 무슨 유전자 형식을 갖춘 암호가 있을 리 없지만, 정신은 외부 대상을 물고 들어가는 지향성Intentionalität이고, 잠시도 가만있을 수 없는 에너지의 요동이므로, 쉼 없는 자기표현을 통해 진화적 과정을 이룬다. (여담이지만 그래서 집중은 이미 의식이 아니며, 비유하자면 정신의 '빈곳'인 이 집중의 자리는 곧 초의식의 입구가 되기도 한다.) 그리고 이 과정은 베르그송의 말처럼 '창조적 Évolution créatrice'일 수 있는 것이다.

가령 3억7000만 년 전 데본기 후기에 속하는 틱타알릭 화석은 수생동물이 육상동물로 진화하는 과정을 드러내는 매우 창조적인(!) 대구목의 어류인데, 어류처럼 아가미와 비늘이 있지만 양서류와 같이 목과 원시적인 팔도 가지고 있어, 그 중간의 진화적 단계를 보여준다. 정신의 진화를 육체의 진화처럼 화석化石을 통해 추적할 수는 없다. 그러나 물속에 살던 생명체에 팔다리가 생기고, 목과 폐가 생기면서 물 밖으로 나오는 게 어려울까, 아니면 정신이 육체에서 독립하는 방향으로 진화하는 게 더 어려울까. 단백질 합성물을 거쳐 생긴 단세포의 생명체가 마침내 인간이라는 정신적 존재에 이르는 게 어려운 일일까, 아니면 뇌에 부수된 현상인 정신(의식)이 뇌에서 독립적으로 진화해가는 것이 더 어려운 일일까.

2. 정신은 사물을 벗어난다

'정신이 사물을 벗어나려' 할 때 표현이 이루어진다. 처음으로 제 나름의 인상을 지으면서 대타자·수호신인 엄마에게 무엇인가를 '요구demande'하는 두 살배기를 상상해보라. 그 아기는 이미 엄마의 소유물이 아니며, 그로써 '표현'을 하고 있는 것이다. 표현은 또한 해석이기도 하다. 표현은 실재 그 자체가 아니기—'실재'의 존재론적 위상과 무관하게—때문에 해석일 수밖에 없고, 표현이 실재와 버성기는 오랜 시행착오를 겪는 중에 그 해석은 '해석학적 이치'에 순응하게 된다. 예를 들어 꿈의 해석이 이 같은 해석학적 이치를 잘 드러낸다. 물론 동서고금에 나타난 각양각색의 꿈 해석학의 다수는 조잡하고 아전인수적이며 미신적이기도 하지만, 현대의 정신분석학을 통해 정식화된 바 있는 꿈의 해석(들)은 각각 나름대로 이치의 맥락을 지닌다. 프로이트(그리고 라캉)의 경우에는 이 이치를 밝히는 지점이 (꿈의) '형식'이다. 프로이트가 말한바, '꿈의 형식은 그 숨겨진 주제를 표현하기 위해 놀라울 만큼 자주 활용된다'. 숨어 있는 진실이 정신과 더불어, 정신을 통해 드러나는 게 곧 표현이라면, 이 표현은 제멋대로 이루어지는 게 아니라 나름의 '형식'에 의해 걸러진다. 앞서 표현을 해석이라 한 것은 이 형식이 원리상 이해될 수 있기 때문이다. (프로이트를 좇아) 무의식의 주제를 표현하기 위해서 꿈의 '형식'이 활용된다고 했지만, 이를 돌려 말하자면 (라캉의 말처럼) '분석은 무의식으로 나아가기 위

조각난 지혜로 세상을 마주하다

한 우회迂回'인 것이다.

　나는 이처럼 정신이 사물을 벗어나려 할 경우 그 행로나 결과
는 '형식적'일 것(즉 형식을 이룰 것)이라고 짐작한다. 이는, 자식 다
섯 명이 모두 서로 구별될 만치 (그 세세한 내용으로는) 다르게 생겼지
만, 가족유사성 Familienähnlichkeit (비트겐슈타인)이라고 하듯 (어떤 형식으
로는) 가족 구성원을 이룰 만치 닮았다는 사실과 같은 것이다. 정
신적 존재인 인간이 어느새 사물의 상태에서 벗어나고 책의 세계,
인터넷의 세계, 그리고 인공지능의 세계로 나아가는 도정에서 가
장 중요한 계기는 언어의 보편성이었을 것이다. 현재도 7000개의
언어가 생멸의 도정에 있다고는 하지만, 인간의 정신세계가 그 내
면을 표현하는 가장 중요하면서도 필수 불가결한 매개는 언어이
며, 이로써 인간은 돌이킬 수 없이 반자연성 혹은 진화적 창의성
의 주인공이 된다.

3. 표현, 자유, 초월성

인간이 표현적 존재인 이유는 그(녀)가 정신적 존재이기 때문이다. 정신은 사물과 달리 자기동일성의 구심력 속에 안존하지 않는다. 인간은 쉼 없이 안팎으로 표현을 일삼는다. 태극권이나 요가를 배우고, 입성이나 먹거리에 멋을 부리고, 그림을 그리거나 시를 끄적거리고, 외국어를 익히거나 자동차를 바꾸고, 실내장식을 하거나 정원을 꾸미고, 문신을 하거나 코를 뚫고, 꽃꽂이를 하거나 차도茶道에 빠지고, 일없이 고함을 지르거나 한동안 침묵에 빠지기도 한다. 잠시도 가만있지 않으며, 어떤 식으로든 자기 존재를 드러낸다. 사람들은 갖거나取 이루거나成 되거나爲 하려는 식으로 각자 다른 꿈을 꾸지만, 누구나 다양한 표현을 통해서 그 목적에 근접해간다. 물物을 소유하고자 하고, 권력權力을 누리고자 하며, 또는 신에 근접하려 하기도 하지만, 그 무엇이든 표현적 행위를 통하지 않고서는 불가능하다. 소유는 경제적 표현법에 의해서 그 적법성을 얻었고, 권력은 정치적 표현법에 의해서, 그리고 접신接神 혹은 신과의 합일은 넓은 의미의 종교적 표현법에 의해서 합리화의 길을 걸어왔다.

하지만 내가 보기에 표현적 행위의 본령은 정신(-신神)의 문제이며, 좀더 구체적으로는 정신의 변화, 즉 정신이 무엇이 '되려고하는' 과제와 깊이 결부된다. 이 '되기'의 문제, 즉 정신의 변화는 종교수행적 실천의 가장 일반적인 목적이다. 혹은 내가 수십 년

조각난 지혜로 세상을 마주하다

동안 조형해온 '공부'라는 실천의 중요한 과제이자 경계境界이기도 하다. 이 경계 속에서 자라나는 독특한 개념이 자유다. 이 자유는 '자유가 아니면 죽음!' 속의 자유와는 별 관계가 없다. 이 자유는 근대의 것, 즉 시대의 자식이 아니다. 이를테면 '모든 자연적 고려 사항과 인간적 동기를 벗어나는 형식적 자유'(칸트)도 아니고, '합리화Rationalisierung의 기준으로서 자립적이고 스스로 책임지는 개인의 자유'(막스 베버)도 아니다. 혹은 사드나 라이히처럼 '음란함이 (오히려) 인간의 자유를 확장시킨다'는 종류의 자기파괴적 상상도 아니다. 그것은 이른바 '표현인간학'의 것이며, 형식이 형식을 넘어서 가는 역설적 형식의 표현에 의해서 가능해진다.

그러나 자유와 표현은 그 이념적 일체에도 불구하고 실제로는 자주 어긋난다. (나는 부족한 대로 하루 한 차례 시간을 정해 붓글씨를 써온 게 10년쯤 되었는데, 가령 이 표현적 실천 속에 깃드는 작은 자유의 체감을 상상해보시라.) 자유의 이념은 의당 개인을 주체로 삼는다. 그러나 표현은 감성적으로 흐르기 쉽고 따라서 관계적, 전염적, 공동체적인 속성을 지니게 된다. 여기서는 표면적이나마 갈등을 피할 수 없다. 개인의 자율성을 추구하는 영역과 표현적 충만을 통해 여럿 사이에서 화해와 조화를 이루려는 영역은 서로 어긋나게 마련인 것이다. 이는 선禪의 수련에서 오히려 쌍가sangha(공동체)를 강조하는 이치와 닮았다.

나는 자유를 '금지禁止의 형식이 개창한 것'(『그림자 없이 빛을 보다』)이라고 여겨왔다. 인간의 자유는 '자율성을 향한 반자연'(사르

트르)도 아니며 또한 '자연으로부터 연역'(루소)되는 것도 아니다.

인용을 통해 간단히 정리하자면, '참자유를 원하는 사람은 먼저 계율을 잘 지킨다'(소태산)와 같은 형식을 통하게 되고, '크게 깨달아 크게 사무치지 않으면 진정한 자유는 없다'(운서주굉)는 형식이 차라리 이에 가깝다. 예를 들어 자유와 표현이 만나는 자리는 달인達人, 혹은 수행자라는 삶의 형식을 통해 가장 분명히 드러나는데, 자유란 곧 이들의 연단과 솜씨와 그 경계에서 마련되는 '자기 명령의 예술'인 것이다. (정신분석적인 표현으로 고치면) 명령이 순수한 쾌락과 합일하는 자기만의 자리가 생긴다고 해야 한다. 우선 욕망과 소비와 과시와 허영과 휩쓸림과 변덕에 따른 표현과는 아무 상관이 없음을 기억하자. 가령 '소비자 개인들은 스스로 이해하지 못하는 말이나 조건반사에 불과한 많은 표현을 쓰면서 대중문화의 선전적 기능에 복무할 뿐'(마크 포스터)이라고 하지 않던가. 표현의 과잉도 표현의 빈곤도 자유에 이르지 못한다. 마전작경磨塼作鏡하듯 하는, 가없는 표현의 훈련 속에서 저절로 해제解除되는 자기 금제의 이력 속에서 어느새 어느 순간 부사적으로 일구어낸 게 자유이기 때문이다.

나는 이러한 자유를 향한 정신의 도정이 곧 초월성의 길이라고 본다. 혹은 앞서 말한 대로 '정신이 사물을 벗어나는 정신진화론적 진경進境'이라고 본다. 그리고 이런 초월성의 진경은 대개 불이不二[1]의 일체감으로 느껴지기 마련이다. 자유는 그 모든 형식의 공부가 지향하는 마음의 경계다. 이는 지인至人이나 성인聖人을 꿈

조각난 지혜로 세상을 마주하다

꾸는 수행자이건 한가지 일事에 매진하여 그 속에서 자신의 에고를 넘어서는 달인이건 마찬가지다.

4. 영혼은 어떻게 생기는가?

정신이 사물을 벗어나는, 의식이 뇌를 벗어나(려)는, 혹은 인간에게 영혼이라는 정신적 초월성의 지향志向이 생성되는 과정에서 주목해야 할 것은 집중이라는 현상이다. 집중은 정신적 지향의 행위 속에서 이윽고 그 대상이 소실되는 기이한 현상을 말한다. 즉 내용이 없는 정신의 어떤 형식을 가리킨다. (이에 대한 논의는 『집중과 영혼』에서 어느 정도 개진한 바 있다.) 정신적 지향에 관한 한 내용은 잡념이 되는 법이며, 따라서 내용에 맺혀서는 정신의 진경, 혹은 초월의 경험에 이르지 못한다. 가령 수행의 세계에서 작은 잡념들을 잡아놓은 큰 잡념으로서의 화두話頭를 품거나 혹은 이래저래 다언삭궁多言數窮을 말하는 게 이와 관련된다. 앞서 지향성의 개념을 통해 인간의 얼굴을 설명하기도 했지만, 얼굴의 지향성이란, (얼)굴-屈 속의 얼(굴)神-이 바깥으로, 앞으로, 그리고 미래로 나아가려는 지속적인 운동성을 말한다. 그래서 얼굴은 다만 사물이 아닌 것이다. 이 사물이 아닌 얼굴, 혹은 굴얼에는 기의의 내용이 새겨져 있진 않지만, 바깥/전방/미래를 향하는 집중의 흔적은 역력하다. 이 같은 집중이 정신진화론적으로 맺힌 게 곧 동물세계 속에서도 특유한 인간의 얼굴일 것이다. 물론 말할 것도 없이 이 같은 이치가 압도적으로 드러난 부분은 특히 눈이라는 형상이다. 사물이면서도 사물을 넘어선 것 중에 인간의 눈만 한 게 있을까.

정신진화론의 입장에 선다면, 영혼이라는 현상도 종교형이상

조각난 지혜로 세상을 마주하다

학적으로 선재先在하는 고정된 실체가 아닐 것이다. 존재하는 모든 것은 생성되며, 생성되는 모든 것은 또 소멸하기 마련이다. 인간의 안이한 소망 속의 통념적 영혼은 불생불멸의 실체에 가까운 무엇이겠으나 무상의 가변성인 우주에 터한즉, 영혼조차 생성되고, 자라고, 깊어지며, 혹은 소멸하기도 할 것이다. 사물 속에 정신이 응결되는 얼굴이나 혹은 여타 수행과 종교에 부수되는 신비 현상 등을 통해 시사받을 수 있는 것처럼, 애초 사물을 통해 기식寄食하고 또 그 사물을 통해 자신을 표현하던 정신은 이윽고 사물의 바깥으로 나오려고 한다. 그리고 일단 사물의 바깥으로 외출(!)하는 데 성공한다면 몸이나 뇌와 같은 기체基體 없이 스스로의 생존을 도모하려 할 것이다. 인간의 마음이 뇌에 기식할 때에는 다만 의식으로 드러날 뿐이지만 혹여(!) 바깥으로 나오면 그것은 곧 (귀)신이나 영혼으로 표상된다. 그리고 이러한 표상(환상)에는 또 다른 형식의 지향성인 '부름calling'이 관여한다. 낭송이나 염불이나 진언眞言 수행이나 기도 등의 종교적 수행은 죄다 이 부름의 형식인 것이다. '부르면 생긴다'는 것은 한갓 관념론적 허상으로 들리지만, 실은 관념론의 새로운 복원 속에 인문학-공부의 미래가 있다.

이러한 상상은 이상해 보이고, 물론 여태 비과학적인 평가 속에 머물러 있다. 그러나 첫째, 현대의 과학이 밝혀놓은바 생명 진화의 현상 혹은 우주의 구성만큼이나 기막힐 정도로 이상한 게 있는가 하는 반문反問을 회광반조의 기회로 삼아야 하고, 둘째, '모든 것은 변한다諸行無常'의 이법에 조금이나마 사무치는 경험이 있어야 한다. 수행에서든 과학에서든 사물과 사태의 덧없음impermanence처럼 기초적인 이치도 없다. 영혼은 아직 가설에 불과하지만, 이는 정신의 속성이나 진화론적 변화와 갱신의 이치에서 동떨어진 게 아니며, 더욱이 그동안 인류가 축적해놓은 종교초월적 지혜나 경험들과 깊고 유의미하게 겹치기도 한다.

5. 헤겔, 혹은 독일식 표현주의

무엇보다 정신인 인간은 표현적 존재이며, 나는 그 본질을 '정신은 사물을 벗어난다'라는 명제로 정식화한다. 자기를 벗어나면서 변화하고 새롭게 갱신되는 자기가 곧 표현인 것이다. 창발적으로 요동하는 정신의 속성은 고치처럼 제 속에서 가만히 멈추지 못한다. 그러나 나는 헤겔처럼 '우주적 정신의 최초의 자기표현은 자연'이라는 식으로 말하지 않는(못한)다. 이것은 현재로서는 어떤 진화론적 검증도 통과할 수 없는 철학적 상상이며 가설에 불과하기 때문이다. 헤겔의 체계 속에는 이미 우주정신kosmische Geist이 순환론적으로 개입하고 있지만, 이 역시 대담하고 창발적인 가설에 불과하다. 그에 의하면 '세계가 없다면 신은 신이 아니다Ohne Welt ist Gott nich Gott'. 일찍이 스피노자가 말한 대로 신즉자연神卽自然, deus siva natrura의 논리다. 스피노자는 실체substantia의 두 가지 양태modus를 정신과 연장res extensa으로 보는데, 이들은 일종의 힘potentia이며, 이 활동성으로 인해 존재 전체의 이력과 변화가 진행된다. 신이자 실재인 스피노자식의 존재 전체는 이 양태를 통해 스스로를 표현해가는 행위의 전체이기도 하다. 널리 알려진 대로 들뢰즈의 『스피노자와 표현의 문제』(1968)에서도 신과 실재 사이의 표현 관계를 주제로 삼아 그의 형이상학을 재해석한다. 예를 들어 들뢰즈가 해석한 스피노자의 속성은 표현적 가치를 지니고 있는 동사動詞인데, 이것은 헤겔이나 니시다 기타로西田幾多郎의 말처럼 '술어가 되고 주어가 될 수 없는 것'으로서의 정신이 운용되는 길에서는 매우 전형적이다. 스피노자의 실체와 그 양상적 변용 간의 관계는, 헤겔의 우주 정신과 인간 정신을 포함한 일체의 현상 간의 관계와 유사하다. 무엇보다 이 유사성의 알속은 '표현론적 이해'다.

우주적 정신은 자연(사물 일체)을 통해 최초로 자신을 표현하고, 인간 정신을 통해서 이 표현력을 완성시킨다―즉, 인간 정신이라는 매개를 통해 우주 정신은 스스로를 이해하게 되고 이로써 일체를 이룬다―는 게 헤겔의 형이상학적 도식이다. 그러므로 헤겔의 형이상학은 스피노자와 달리 시간적·역사적·변증법적이다. 헤겔이 서술하는 역사는 정신의 표현이며, 세계정신이 차츰 자기인식의 진리에 도달하려고 자기 자신을 가공하고 표현하는 과정이다. 자아가 타자를 거치면서 표현하는 중에 자기 자신보다 더 큰 자기를 알고 또 그렇게 되는 과정은, 헤겔을 통해 가장 광대무변하고 심오한 모습을 얻었지만, 이는 그렇게 희유한 서술은 아니다. 가령 이 과정을 정신분석적으로 옮기면 거의 융의 자기 구제 도식―의식과 무의식이 통합적 전체를 이루면서 에고가 더 큰 자아인 자기das Selbst를 알고 실현하는 과정―을 방불케 한다. 이 경우에도 의식은 무의식의 표현이며, 무의식 또한 의식에 의해 차츰 자기표현을 얻는다. 스피노자 이후 간헐적으로 이어진 범신론적 낭만주의는 헤르더(1744~1803)와 괴테(1749~1832)를 거치면서 원숙해졌고, 이에 진화론적 터치가 더해지는 가운데 헤겔식의 '정신의 역사적 현상학'이 가능해진 것이다. 이 과정에서 특히 헤르더

조각난 지혜로 세상을 마주하다

와 괴테를 통해 구상화된 교양Bildung 혹은 자기형성Selbstbildung 개념도 전술한 헤겔식의 표현적 형이상학을 이해하는 데 적절한 참조가 된다. 괴테의 『빌헬름 마이스터의 수업시대』가 대표하는 이른바 '교양소설Bildungsroman'은 개인이 세속적 타자들과의 만남 및 상호작용을 통해 자기 자신을 알고 자라가는 과정을 묘사하는데, 이 역시 자기표현의 실천을 통해 스스로의 가능성 전체와 통합해가는 도식의 전형적인 사례다. 매슈 아널드(1822~1888)의 『교양과 무질서』에서도 '교양의 기원은 자기 완성에 대한 사랑과 실천'이라는 명제가 이어지고 있으며, 지멜(1858~1918)의 역사사회학적 고찰에서도 '인간의 정신문화적 형성물은 그 일체가 인간의 영혼이 타자들을 거쳐서 마침내 자기 자신에게로 회귀하는 형식'이라고 적고 있다.

6. 표현인간학

표현은 존재의 숨결과 같다. 귀신조차 산 자의 세상에 자기 표현의 흔적을 남기곤 하지만, 실로 죽음은 표현의 종결인 셈이다. (물론 어떤 식이든 사후 세계의 존재를 인정한다면 그 표현은 종결되지 않는다.[2] 다만 그 형식만이 바뀔 뿐이다.) 나는 여러 글에서 '최고의 삶은 연극적'이라는 취지를 밝히곤 했는데, 연극이란 지속적·명시적으로 새로운 표현의 길을 얻는 것이기 때문이다. 여타 짐승들이 본능에 먹힌 채 '몽롱한 상태Eingenommenheit'(하이데서)에 있다면 인간은 연극적 표현의 길들을 통해 본능을 넘어서면서 다양한 종류의 밝음enlightenments으로 나아간다. 그래서 마침내 사물을 넘어서는 새로운 삶의 희망을 시사한다. 따라서 공부론의 맥락에서도, 가장 탁월한 공부의 형식을 '연극적'이라고 한 것이다. 인간만이 버릇을 지닌다고 할 때의 버릇도 곧 연극의 일종이며, 집중을 통해서 무의식을 변화시킨다고 할 때의 무의식조차 연극적으로 구성되고 해체된다. 당신은 무슨 연극을 하고 있고, 또 무슨 표현을 일삼고 있는가. 그것이 곧 당신이라는 사람의 정체이며, 희망이고 미래다.

표현이 한결같은 가치를 지닌 것은 아니지만, 정신진화론적 입장에서 보자면 소유와 권력 중심의 삶에 비해 표현 지향의 삶은 월등한 미덕을 갖는다. 표현을 광범위한 진화론의 맥락으로 번역하자면 다종다양한 '상호작용'에 다름 아니다. 상호작용으로 인해

조각난 지혜로 세상을 마주하다

인간의 얼굴은 이런 모양을 하게 되었고, 이렇게 섬세한 다기능의 손(가락)을 지니게 되었으며, 또한 이런 놀라운 뇌를 얻었다. 생명이란, 삶이란 죄다 상호작용의 연쇄와 착종인 것이다. 이 글의 주제인 표현은, 생명사의 상호작용이 인간의 정신사로 이어졌을 때의 모습과 그 가능성을 토론한다. 즉 정신의 미래를 표현(주의)적 진화론에 얹어 시험하고 상상해보는 것이다. 이런 뜻에서 소유와 권력 지향의 삶은 정신진화론적 가치와 가능성에 별반 도움이 되지 못할 듯하다. 인류사에 나타난 종교와 수행의 전통이 한결같이 청빈과 겸허를 권하고, 강한 연극적 금제禁制의 표현들을 통해 좁은 길을 추구하는 이유가 바로 여기에 있다.

정신적 존재인 인간은 곧 표현적 존재다. 그러므로 인문人紋을 밝히는 중요한 실마리는 인간의 표현력과 표현적 실천을 살피는 것이다. 바로 이게 '표현인간학' 이념의 알짬이다. 나아가 표현은 인간의 미래, 특히 그 정신적 미래의 가능성을 예시한다. 이 가능성은 인간 정신의 근본 속성인 '사물을 벗어난다'는 사실에 터한다. 이 정신의 초월성이 가닿는 곳이 어디일지, 그저 '의견의 존재'일 뿐인 우리로서는 아직 분명히 알지 못한다. 헤겔의 말처럼 이미 우주적 정신이 편만해서 인간의 정신을 통해 여일如一하게 드러나는 것일지, 여타 종교의 교설처럼 신神이라 부를 만한 독립된 실체가 그 미래적 과거 혹은 과거적 미래로서 현존할지, 아니, 아직 뇌의 한 척尺 앞자리도 차지하지 못하고 있을지, 제 목소리에 힘주어 말할 수 있는 사람은 없다. 그러나 정신은 표현을 통해 나아가고, 표현은 정신을 통해 가장 정교해지는 법이니, 공부하려는 사람아, 언제나 네 표현에 소심하고 조심하며 또한 견결하여라.

조각난 지혜로 세상을 마주하다

왜 대화는 실패하는가

: 보살행으로서의 듣기와 말하기

내가 정의하는 공부의 실력은 '응하기'입니다. 그리고 정신적 존재이자 언어적 존재인 인간에게 응하기의 태반은 대화이지요. 대화에 실패한다면 응하기의 기본에서 결격이며, 공부길에서도 낙제점인 셈입니다. 그러나 대화에서 호혜적으로 유익과 기쁨과 지혜를 나누는 일은 오히려 희유합니다. 못 배운 자는 못 배운 대로, 배운 자는 배운 대로 대화에서 나날이 실패합니다. 무엇이든 오래 하면 잘하는 법이지만 듣기/말하기/대화하기만은 유독 그렇지 않습니다.

이번 강의에서는 이 난경難境의 일부를 꼼꼼히 헤아려보고, 그 원인을 살펴보려 합니다. 그래서 일상 대화의 실천에서 작으나마 진경을 희망하고자 합니다. 자신이 이미 개입하고 있는 대화를 돌아보면서 비평하는 일처럼 메타인지적 감성과 지평을 요하는 작업도 없지요. 그만큼 지난지사입니다. 그러나 이 일은 연기하거나 회피할 수 없는 것이, 우선 자신의 말조차 가지런하게 하지 못하는 사람이 그 마음의 경계를 어찌 바꿀 것이며, 이웃과 어찌 공조·공화共和·공락共樂할 수 있을 것인지 물을 수밖에 없기 때문입니다.

이미 여러 글에서 언질했듯, 내남없이 한마음으로 존경하는 싯다르타, 공자, 소크라테스, 예수는 대화하시는 분들이었고, 그것도 아주 잘하시는 분들이었으며, 그 응하기의 솜씨와 지혜로써 이웃에게 위안과 화평을 주신 분들이었습니다. 공부라는 게 스스로 밝아지고, 그 밝음의 자취가 이웃에게 음조陰助가 되게 하는 일련의 애씀이라면, 대화의 가치는 더할 수 없이 명료합니다. (그러나 우리는 왜 자주 대화에서 자빠지는 것일까요?)

1. 듣기와 응해서 말하기

말하기의 출발은 듣기다. 대화 중의 말하기는 곧 '응해서 말하기'이기 때문이다. 무릇 대화의 달인들은 죄다 '응해서 말했다'.[1] 싯다르타가, 공자가, 소크라테스가 그랬다. 응병여약應病與藥이며 대기설법對機說法이다. 내가 '듣다가 죽어라!'라고 할 때의 취지는 잘 듣기의 문제를 제기함과 동시에 (분석치료에서 분석가의 역할이 그러하듯) 발화자의 기억력을, 상상력을, 그리고 무의식을 틔우기 위한 것이었다. 딜타이, 후설, 하이데거, 가다머 등으로 소급되는 서구의 해석학적 전통 속에서 이해Verstehen는 단지 인지의 문제가 아니라 인간 존재의 기본 특성으로 드러난다. 가다머는 상호이해 Verständigung를 역사적으로 규정되는 인간의 기본 특성으로 보고, 기든스는 이해를 인식의 방식이 아니라 인간의 존재론적 조건으로 여기기도 한다. 듣기를 강조하는 취지가 바로 여기에 있는데, 내가 다른 글에서 '표현인간학'을 주창했듯이 말하기-듣기의 행위는 인간 존재의 내면을 깊이 건드린다. 듣기는 무의식의 두레박과 같은 것이다. 만약 이 논의를 정신분석적 세팅으로 옮기면 그 취지는 한결 도드라진다. "분석가가 환자의 발화를 지지하지 않을수록 그(녀)의 무의식은 폐쇄된다. 왜냐하면 환자가 무엇을 말할지 그는 이미 아는 척하기 때문이다."(라캉) 그러나 나로 말하자면 턱없이 비싼 값을 부르는 정신분석의醫처럼 과거의 붉게 숨은 것들을 캐기 위한 게 아니라 미래의 하아얀 가능성을 위한 조처다.

9강 왜 대화는 실패하는가: 보살행으로서의 듣기와 말하기

평심하게, 그르게 들을 수 있으면 그제야 응해서 말하게 된다. 듣는 자가 딴짓을 하거나 부스대거나 과도한 호응의 태도를 습관적으로 보이거나 낯빛을 자주 바꾸거나 하는 행위는 바람직하지 않다. 상대가 하는 말의 취지를 예단하고 사전 조처를 취하듯proactively 내심 제 할 말만을 챙겨나가는 짓은 흔히 논점을 혼동하게 한다. 청자의 주관적 개입을 완전히 피할 순 없지만 그래도 가능하면 평심하게, 발화 전체에 그르게, 감정의 기복을 드러내지 않고 화자의 말에 관심을 보여야 한다. 어쩌면 프로이트와 라캉이 말하는 '자유롭게 흐르는 주의free-floating attention'의 기법이 도움이 될 것이다. 나는 긴 세월 대학에서 선생 노릇을 했는데, 특히 '잘 듣는' 청자가 되고자 노력했고, 언제나 응해서 말하고자 했으며, 이로써 미숙한 학생들의 기질과 재능과 가능성을 틔우고자 애썼다. 역시 (라캉의 말처럼) 우리는 잘, 다르게 들음으로써 화자로 하여금 자신의 개입을 돌아보게 만드는 데 이바지할 수 있는 것이다.

귀를 가졌다고 듣는 게 아니라 어떤 마음과 태도를 가져야만, 어떤 훈련을 거쳐야만 들리기 시작한다. 강의/강연 자리에 찾아와 앉았으면서도 듣기를 거부하는, 듣기에 저항하는 이들이 실상 적지 않다. 정신분석의 기본 명제와도 같이 정신과 마음과 기분을 지닌 존재인 사람은 낯선 지평과 새로운 지식에 저항하는 법이다. 마음을 열고, 열린 마음에 적합한 태도를 갖추지 않고서는 대화라는 상호 이해와 변화의 자리를 십분 활용할 수 없다.

조각난 지혜로 세상을 마주하다

2. 보살행으로서의 말하기

　말하듯이 글을 쓰면 안 된다. 그런 글은 읽는 상대가 바로 코앞에 있다고 믿는 착각에 터하기 때문이다. 달변인 데다 영리하면서도 글쓰기에는 젬병인 사람을 종종 봤는데, 분명 그 이유 중 하나는 그(녀)가 사교성이 좋기 때문일 것이다. 영리하고 사교적이면 다변으로 흐르고, 혹 다변에 총기聰記까지 있으면 달변에 이를 법하다. 그러나 달변의 쾌락에 치우치면 응당 글쓰기의 고통을 외면하게 된다. 힘을 얻은 주둥아리를 지긋이 닫아놓고, 소리 없는 문자의 세계 속을 방황하자니 결코 쉬운 노릇이 아니다. 누군들 접근성이 좋고 사회적 효용이 즉각적인 쾌락에 탐닉하지 않겠는가. 그래서 옛말에 '글 잘하는 자식 낳지 말고 말 잘하는 자식 낳으라'고 했겠다.

　마찬가지로 글을 쓰듯 말하면 안 된다. 그런 말은 상대가 앞에 없다고 착각하고, 이치理致만을 수용하는 거대한 원고지를 향해서 입을 벌리고 있는 것이나 마찬가지다. 쓰인 글은 '잠재적'인 독자를 위한 것이며, 아직까지 아무도 읽지 않았다고 해서 그 글의 가치가 무효화되는 것은 아니다. 그러나 듣지 않은 말은 인적 없는 숲속의 도토리 떨어지는 소리와 진배없다. 잠재적인 청자聽者란 없으며, 음성이 닿는 범위 내에서 귀 기울이는 정신의 즉각적인 경청과 호응이 없다면 그 말은 이미 죽은 것이다. 말이란 청자와 정신적인 관계를 맺는 일이며, 청자와 함께, 청자를 위해서, 그리고 청자를 향해서 행해지는 행위다. 그러므로 가능한 한 청자에게 들릴 수 있도록, 이해될 수 있도록, 그리고 동의를 얻어낼 수 있도록 말해야 하며, 그런 점에서 말하기는 실용성practicality이 우선이다. 하지만 글쓰기는 이런 식의 실용성에 묶일 필요가 없으며, 제 깜냥과 실력껏 이론성theoreticality에 탐닉해도 무방하다. 글은 말과 달리 잠재적으로 무한한 독자讀者가 있고, 당장 읽히지 않거나 이해받지 못해도 미래의 새로운 가능성 속에서 여전히 건재하겠기 때문이다. 비유하자면, 이런 뜻에서 글쓰기가 부처행이라면 말하기는 보살행菩薩行에 해당된다.

우리가 대화에 실패하는 이유 중 하나는 이 보살행의 의지와 기량이 부족하기 때문일 것이다. 말이 들리도록 최선의 노력을 하거나 꾀를 부리지도 않은 채, 주둥아리 밖으로 무슨 소리가 새어나오는 것으로 제 소임을 다했다고 믿어서는 곤란하다. 홀로 깨달음의 자리 속에서 자열自悅을 일삼는 게 아니라 스스로 오도悟道의 경계 밖에 서서 중생의 고락과 번민을 나누는 보살처럼, 말하기란 청자들의 고락과 번민에 참여하는 행위인 것이다. 말하기는 자신의 에고를 전시해놓는 유리관이 아니라, 못나고 어리석고 성급하고 고집 세고 편견 속에 우쭐거리는 장삼이사들의 시전市廛 속으로 몸을 들이미는 일이다. 그만큼 말하기는 글쓰기와 달리 인간적인, 사회적인, 때론 전술적인 꾀와 지략을 요구하는 노릇일 수밖에 없다.

조각난 지혜로 세상을 마주하다

3. 강성의 수행성

널리 알려진 것처럼 말하기speech는 곧 행위act다. 발화는 그 자체로 수행speech-act인 것이다. 대화 중에 늘 명념해야 할 것은, 대화는 갖은 종류의 행위/행동의 집합체이며, 그 가치나 효용을 발화 내용의 취지로만 한정하지 말아야 한다는 점이다. 물론 말하기의 수행성은 화자의 의도intentions 속으로 환원되지 않는다. 당연히 말은 정보를 싸놓은 캡슐이 아니다. 대화 중의 말하기는 중층적으로 난반사하면서 그 총체적 수행성을 드러낸다. 앞서 시사했지만, 말이 글에 비해 이해하기 쉬운 것은 말의 내용과 더불어 대화자들 사이에 오가는 그 수행성이 눈앞에서 빤히 드러나기 때문이다. 기의signifié를 둘러싸고 있는 기표signifiant뿐 아니라 총체적 수행의 상황은 주어진 메시지를 그 맥락과 함께 '두텁게' 알아듣도록 해준다. 그래서 '가가가가?'(그 녀석이 그 녀석인가?)라거나 '가가가가!'(가서 가지고 가거라)조차 (해당 사투리에 대한 약간의 지식과 논의의 맥락이 주어진다면) 어렵지 않게 듣고 알아챈다.

이미/언제나 대화를 둘러싸고 있는 수행적 여건들이 소통에 긍정적 효과만 내는 것은 아니다. 우리의 대화가 실패하는 이유 중 중요한 부분은 바로 이 수행적performative 사태와 관련되어 있다. 예를 들어 내게 성가셨던 대화의 경험이고 마침내 슬금슬금 대화를 기피하게 만들었던 경우의 한 가지로, 내가 무슨 말을 하든 일단 반문反問, 특히 '응?' '응?' 하면서 내게 재차 같은 말을 반복하도록 하는 반문의 버릇을 지닌 사람이 몇몇 있었다. 대개는 한참 연장자이면서도 나와 모종의 긴장된 관계를 지녔던 이들이었다. 나는 매번 같은 문장을 두(세) 번씩 발화해야만 하는 성가심을 없애기 위해 이런저런 꾀를 부려봤지만 눈에 띄는 변화가 없었고, 내심 이들의 자기보호기제self-defence mechanism이겠거니 여겼지만, 의리상 더 이상의 분석은 삼간다. 소통과 대화는 이처럼 정보 교환의 문제로 환원되지 않으며, 발화되는 문장을 둘러싸고 있는 갖은 수행적·환경적·정치적·정신분석적 변수에 의해서 쉼 없이 변화한다.

상대가 말하는 중에 갑자기 휴대폰을 꺼낸다거나 찔끔찔끔 연이어 물을 마신다거나 눈물을 흘린다거나 심지어 하품을 하거나 화장실에 가버린다거나 하는 등속의 행위[2]는 그 자체로 넓은 의미에서는 발화에 포함되는, 발화에 수행隨行되는 행위다. 그러므로 발화의 내용을 통한 소통이 원활하고 정확하려면, 대화 중에 수행되는 각양각색의 수행(성)을 이해하고 이를 적절히 운용하거나 대처할 필요가 있다. 예를 들어 근자에 특별히 내 관심을 끈 발화수행적 요소는 김어준씨의 웃음이다. 아마 '폭소'라고 해야 할 그의 웃음은 대화 중에 무단히, 거침없이, 지나치게 길게 이어지곤 하는데, 그의 대사회적 영향력 탓인지 김씨의 전매특허 격인 이 웃음이 이곳저곳으로 전염되고 있는 게 아닌가 하는 판단이 들기도 한다. 대화 속에서 이 웃음이 차지하는 위상은 무엇일까. 이미 매너리즘으로 보이는 이 폭소의 소통적 가치는, 그 전염적 부작용은,

조각난 지혜로 세상을 마주하다

그 공격적 함의는, 그 자기방어적 효용은 무엇일까. D. H. 로런스는 어떤 글에서 '위대한 화가들이 진정한 웃음을 얻기 위해서는 판에 박힌 것을 학대하고 부수는 것만으로는 부족하다'는 취지의 발언을 한 바 있다. 웃음이 저항과 조소와 풍자의 뜻일 뿐이라면 그것은 아직 대화를 살리는 게 못 된다. 더구나 한 사람의 새로운 발언을 살려내는 마중물도 아닌, 대화의 물꼬를 트고 새로운 이치의 도약을 부르는 계기도 아닌 웃음, 어느 산적의 잉여 에너지가 배설하듯 흘러나와 떠다니고 있는 상태와도 흡사한 웃음이란, 이 수염 많은 거한의 에고와 그 카르텔에 복무하는 게 아니라면 대체 무슨 사회적 효용이 있을 것인가.

폭소는 말하자면 대화 자리에서 오가는 수행성 중에서도 강성強性이므로 그 자체가 긴밀하고 진지한 대화의 자리에서는 적절치 않다. 말에 얹힌 정신의 이치란 편린片鱗으로 움직이고 뉘앙스로 변화할 정도로 섬세한 것이므로, 맥락 없이—종작 없이—지각 없이—눈치 없이, 그리고 과격하게 지속되는 폭소는 대화에 도움이 되지 않는다. '파약破約의 정치론'의 경우처럼, 아예 대화 자체를 거부하려는 탈脫대화적 기법이 아니라면 강성의 수행은 마땅히 절제되어야 한다. 이런 식의 기벽奇癖스러운 수행은 대화의 맥락을 끊고, 정서적 혼란 상태를 유발하며, 성량聲量의 크기에 좌우되지 말아야 할 대화적 합리성을 잠시나마 요동시키고, 특히 일부 여성 대화 참여자로 하여금 감정적 소외나 당혹의 상태에 빠지게 만들기도 한다.

4. '말하지 않기'의 말하기

　학인들 사이의 대화에서 중요한 미덕 중 한 가지는 '말하지 않는 법'을 익히는 것이다. 굳이 '익히라'는 것은 그 내용이란 게 이미 널리 알려져 있기 때문이다. 적시適時에 개입해서 적절히 말하는 것도 중요하지만, '말하고 싶은 유혹을 견디면서 엉뚱한 말을 하지 않고 있는 것to leave unsaid the wrong thing at the tempting moment'(도러시 네빌)은 더 중요한 미덕이 된다. 물론 이런 미덕은 학인의 것이며 심지어 중도를 체득한 고수高手의 것이라고 해야 한다. 오히려 제때 알맞은 말을 하지 못하는 이들, 언죽번죽, 언거번거하게 떠드는 이들, 불과 몇 문장만에 제 논지를 실종시켜버리는 이들, 나이나 지위나 세력에 얹혀 거들먹거리면서 말하는 이들, 혹은 아예 말문을 닫아걸고 대화의 ABC에 관심도 없는 이들이 부지기수이기 때문이다. 그러나 대화의 실력이 늘면 늘수록, 말수가 많아질수록 말의 절제와 우회迂廻는 요긴한 덕목이 된다.

　특수한 경우가 아니라면 우선 말수의 절대적 균배가 있어야 한다. 실천적 격률로서, 대화의 8할 이상을 점유하(려)는 상대와는 만나지 않는 게 좋다. 상대가 6을 말하고 내가 4를 말하는 게 최선의 배분이다. 상대가 7을 말하기 시작하면 경계하고, 어느새 8 이상을 고집하는 버릇이 짙어지면 '헤어질 결심'을 해보는 것도 괜찮다. 말에 자신감이 생기면서 드는 폐단은 '하고 싶은 말'을 (다)하는 짓이다. 내가 오랫동안 '응해서 말하기'를 대화의 준칙으로 내세웠지만, 대화 중의 말은 '하고 싶은 대로' 해선 안 되고, '상대에 말에 준응準應해서' 해야 하는 것이다. 그러니까 가능한 한 기분은 죽이고 논지를 살린다는 취지로 말을 이어가면서, 공동 노동3으로서의 대화라는 가치를 잊지 않아야 한다. 길을 가다보면 샛길도 있고 구경거리도 많고 또 뜻하지 않은 (수행적) 사건 사고도 생기는 법이지만 대화의 길 역시 마찬가지다. 외출에 행선지가 있는 것처럼, 학인들 사이의 진지한 대화 역시 목적하는 바가 있으니, 그것은 우선적으로 논지를 쫓아가면서 서로의 식견을 나누고 새로운 직관을 기대하는 것이다.

"말할 수 없는 것에 관해서는 침묵해야 한다Wovon man nicht sprechen kann, darüber muß man schweigen"(비트겐슈타인)거나 "대화의 기술은 무엇을 말해야 하는지를 아는 게 아니라 무엇을 말하지 말아야 하는지를 아는 것The art of conversation is not knowing what you ought to say, but what one ought not to say"(F. L. 루카스)이라는 권면처럼, 때로 대화의 논지를 살리고 그 창의적 생산력을 높이려면 말을 가리고 줄이며 묵혀야 한다. 일단 실없는/하고 싶은 말을 내뱉고는 추후에 사과하는 나쁜 버릇을 없애야 한다. (사과는 의외로 나쁜 버릇이라는 사실을 냉철히 기억해야만 한다.) 이를 위해 첫째, 논지를 제대로 살피면서 사적 기분에 얹혀 생기는 '하고 싶은 말'에 대한 통제력을 배양해야 한다. 둘째, 가급적 애매모호한 말은 피하도록 해야 한다. (물론 '가급적'이다.) 다른 글에서 '애매한 텍스트'와 이에 따른 해석의 문제점을 지적했지만, 인문학적 대화의 장단과 명암은 죄다 그 텍스트의 애매성에서 발원하는데, 특히 이 애매성을 악용하면서 해석의 방종으로 흐르는 사태는 거의 고질적이다. 게다가 이 악용과 방종의 주체가 입심 좋고, 지위가 높고, 잡다한 정보로 무장하고 있다면 그 폐해는 이루 말할 수도 없을 정도다.

셋째, 해명解明과 변명을 '다' 하려는 욕심을 제어하고 어느 정도의 오해를 각오해야만 한다. 그리고 시간의 힘과 상대의 선의善意와 직관에 의지하는 넉넉한 마음을 지니도록 애써야 한다. 이해받는 일을 '은총grace'이라고까지 과장하기도 하며, 그만큼 현명한 대화 상대를 만나는 일은 희유하지만, 언제나 내 에고를 확장하고 정교화함으로써 대화의 성공을 기할 수는 없는 법이다. 게다가 대화도 공부의 일종이고, 이른바 '마음의 경계'를 넓히며 옮기는 공부의 길 속에는 '오해'에 대한 다른 태도가 긴요하기도 하다.

5. 인과의 도착

모든 서사에 그런 면이 있지만 대개의 논변論辨은 나름의 인과因果성에 터한다. 세 살짜리 아이도 백 살을 넘긴 노인도 '그래서/그러므로/그러니까'의 다리에 의지해서 자신의 이야기를 풀어놓고, 주장과 설득을 하고, 동의나 반박을 한다. 그런 만큼 우리가 원인-결과의 변별에 조금 더 야무지다면 우리 대화는 한 겹 더 탄탄해질 수 있을 것이다. 그러나 일상 대화 속의 인과는 자주 도착倒錯된다.[4] 우리가 부주의하기도 하지만, 인과율 자체가 특히 인간의 일에 적용될 때에는 결코 명료하지 않기 때문이다. 철학사에 잘 알려져 있듯이 근본적 경험주의자인 흄(1711~1776)에 따르면, 우리 인간의 일(경험)에는 인과율과 같은 것을 주장할 권리 자체가 없다. 간단히 말해서 같은 일이 반복되는 '사실Sein'로부터 그 반복의 '권리Sollen'를 염출할 수 없다. 일련의 반복이 연상聯想시키는 것이 그 자체로 법칙에 이르지 못하기 때문이다.

스티븐 핑커는, 아이가 눈을 가지고 태어난 것은 잘 보기 위해서가 아니라고 한다. 바로 이런 게 인과적 도착의 좋은 사례다. (그는 '환상illusion'이라고 부른다.) '잘 보기 위해서'(원인), '눈을 가지고 태어난다'(결과)고 했지만, 실상은 이런 게 아니다. 거꾸로, (정상적 진화론에 의하면) 그들의 부모가 눈으로써 잘 봤기 때문에, 아이들도 눈을 가지고 있는 것이다. 러셀은 '설명의 순서가 발견(역사)의 순서를 숨긴다'는 취지의 말을 남겼는데, 우리가 대화 중에 내세우

　　　　9강 왜 대화는 실패하는가: 보살행으로서의 듣기와 말하기

는 설명 중 태반이 실은 이처럼 실제 역사를 거꾸로 세우곤 하는 것이다. 문제는 연상association 과 상관correlation 인데, 대개 그 연관의 절차나 방식에서 혼란스러워지게 마련이고, 이로써 인과와 혼동되곤 한다.

내가 겪은 비근한 사례를 소개한다. 젊었을 때 나는 '차가워서 싫다'는 투의 말을 여러 차례 들었다. '네가 차갑다'는 원인에서 '나는 싫다'는 결과가 생긴 듯한 구성의 논변(?)인 셈이다. 하지만 이러한 사례들이 제법 모였을 때에야 뚜렷이 보였던 것은, 이 말의 화자들이 대개 내게 (이런저런 계기에) 호감을 보인 적이 있었다는 사실이다. 그러니까, 나의 '냉정(해 보임)'은 원인이 아닐 가능성이 농후하며, 이들은 외려 자신들의 소회를 도착적으로 표현하고 있었을 법하다. 어쩌면 나의 냉정(해 보임)에 앞서 이미 그들의 열정이 복류하고 있었는데, 사안의 성격상 그 열정이라는 자기 개입의 자리를 메타인지하기는 어려웠을 법도 하다. 나는 젊은 나이에 수없이 많은 강연을 다니곤 했지만, 특별히 어리석은 발언을 뱉은 탓에 부끄러움을 자초한 경험 하나를 영영 잊지 못한다. 20여 년 전 어느 강연 중, 무슨 논의였는지는 분명치 않지만, '나는 강간強姦과 같은 행위는 할 수 없는 사람'이라는 말을 하고 말았다. 당연하게도, 영리해 보이는 남자 한 사람이 약빠르게 내 발언을 물고 늘어져 다소 격렬히 비판하는 촌극이 벌어졌는데, 나는 즉시 내 잘못을 인정하고 사태를 진정(?)시켰다. 물론 '나도 강간을 할 수 있다'는 게 아니다. 문제는, '나는 (나다)'라는, 그 내용이 불분명한 전

조각난 지혜로 세상을 마주하다

제를 원인으로 내세운 후 '강간은 할 수 없다'는 결언으로 미끄러진 것인데, 이처럼 내용이 없거나 애매한 주어主語를 원인인 양 제시하는 것 역시 인과도착의 흔한 사례다. 이때 주어는 외려 (미래의 술어들을 통해서) 증명되어야 할 결론이지만, 어떤 혼란과 집착 속에서 그 내용이 확실한 체하는 원인(전제)으로 둔갑하고 마는 것이다. 특별히 종교적 대상이나 대의명분에 투사해놓은 믿음을 둘러싼 대화나 논쟁 속에는 이러한 종류의 인과도착이 잦다. 가령 신이 나를 사랑하신다거나 혹은 우리는 애국해야 한다거나 혹은 사랑이 어떻게 변하나? 하는 등속의 문장은 실은 그 속에 모종의 인과가 숨어 있는데, 자세히 살피면 그 착종과 혼란을 쉽게 파악할 수 있다.

6. 입을 찢는다면?

대화의 파산은 의외로 개인의 사소한 불비不備에서 벌어지기도 하는데, 이는 사소한 만큼 고질적이므로 실은 결연한 대처가 필요한 부분이기도 하다. 그것은 성격상 말하기를 꺼리거나 혹은 단순히 말에 서툰 사람의 경우다. 대화를 꺼려 스스로 함구하거나 칩거한다면 이는 어쩔 수 없는 노릇이니 우선 치지도외하고, 말에 서툰데도 대화에 참여하고자 한다면, 대화의 성패成敗를 묻기 전에 스스로를 살펴 필요한 준비를 하고 기량을 높이도록 애써야 할 것이다. 논의가 길고 잡박해질 우려가 있으니, 오히려 할喝(!) 한 소리를 내지르는 식으로 말해보자면, '네 입을 찢어야' 한다.

나는 사람의 얼굴 중에 입을 보는 편인데, 그것은 물론 말에 대한 내 오랜 관심 때문이기도 하다. 서양 여자의 입이 유난히 큰 것, 일본 여자의 입이 유난히 작은 것, 경상도 사람의 입보다 전라(남)도 사람의 입이 조금 더 큰 것 등등 내 오랜 관찰이 불러온 이런저런 상상이 적지 않다. 다른 글들에서 자주 언질한 '전라도의 소리(말)와 경상도의 글'이라는 테마는 이러한 관심·관찰과 무관하지 않다. 그리고 (인과가 아닌) 패턴에 집힌 소박한 이치는 '입이 큰 사람이 대체로 말을 많이 하고 잘한다'는 것이다. 그래서 다시 도발적으로, 혹은 다소 기괴하게 나무라자면, 대체 우리 같은 성형 만능의 사회에서 왜 이들, 말이 서툰 자들은 입을 찢는 수술을 하지 않는가, 말이다. 할喝!

10강
저항과 주체

: 여자는 어떻게 남자를 만나는가

사람은 저항Widerstand합니다. '아니否'라고 말합니다. 그(녀)는 존재하면서 이미 타인과 대립합니다. 아무 일이 없어도, 그 현전現前만으로 눈치를 살피고 대치하며 분열하고 갈등합니다. 본능에 충실하는 생존이라면 이 같은 비용은 쓸모없는 것입니다. 이게 곧 정신의 비용입니다. 정신이 생겼기에 사람은 타인과 자신을 분별하고, 자신을 깊이 되돌아보고, 한없는 우주를 탐사하며, 동물적 쾌락을 눌러 사랑의 둥지를 만들고, 이곳이 아닌 (없는) 곳을 향해 열정과 충실을 바칩니다. 사람의 저항도 그런 것입니다. 물리적 관성과 동물적 본능의 너머로 걸어나가, 아我와 타他 사이에 근원적 긴장의 물매를 만듭니다. 인간은 정신이기에 저항합니다.

이번 강의에서는 특히 저항의 주체를 여자로 둡니다. 그리고 일상에서 비근하게 만나는 여성의 저항에 관해 사유합니다. 언제나처럼 개념적 도식화schematization와 경험적 사례화examplification를 병치시켜면서 논지를 풀어나갑니다. 그러나 논의의 범위를 주로 내가 추려낼 수 있는 개인사에 둡니다. 긴 세월 내가 필자로, 강의자로, 강연자로 활동하면서 만나고 겪은 여성들이 어떤 식으로 저항했는지, 그 저항은 여성의 삶이 불러오는 상처와 어떻게 접속했을지, 그리고 여성의 사회적 주체성은 바로 이 저항의 전략과 어떻게 겹치거나 어긋나는지를 탐색합니다. 이러한 탐색 자체가 우리 만남에 대한 비평과 위안이 되기를, 또한 이로써 남녀가 어울려 살아가는 세속 가운데 한 소끔의 지혜가 되기를 바랍니다.

1.

저항Widerstand/resistance은 존재의 숨결과 같아 완전히 피할 수는 없다. 누구나 숨 쉬며 살아가고 있지만, 비유하자면 그 숨에는 숨결, 생명의 결, 곧 자신만의 스타일과 고집이 있어, 그 자체가 일종의 저항이다. 이 생명의 숨은 스스로 자기 정체성을 유지하면서 실존하려는 근본적 존재의 확인인 셈이다. '지렁이도 밟으면 꿈틀, 한다'고 하듯 사람의 정신은 건드리면 결코 가만있지 않는다. 아도르노는 '정신은 물화Verdinglichung에 저항한다'고 했지만, 실은 정신은 '아니, 라고 말하는 존재Nein-sagende Sein'이며 이미/언제나/그냥 저항하는 것이다.

2.

억압Unterdrückung의 깊이와 중층성에서 정신분석이 성립되는 것처럼, 저항의 현상도 그 같은 구조적 깊이를 드러낸다. '자아는 증상으로 구조화되어 있다'고 하듯, 문제는 자아 그 자체이기 때문이다. 이때의 자아는 물론 '말하는 자아', 특히 '아니, 라고 말하는 자아'를 가리킨다. 말(언술)이 없다면 욕구의 여백이 생기지 못한다. 이 욕구의 여백이 곧 예/아니의 자리이며, 이로써 분화가 생성되는 텃밭이 된다. 억압이나 저항도 이 여백이 작동하면서 얻는 효과다. 여백이 없다면 본능으로만 기능하는 짐승[1]으로 남으며, 문화와 문화적 성취와 그 문화적 성취의 부작용은 발생하지 않는다. 저항이란, 말하는 정신이 증상화된, 성채화城砦化된 자신의 에고를 지키려는 것으로서, 무의식이 터져 올라오는 '위기'에 대처하는 일차적이며 직접적인 행위다. 문명의 역효과가 생긴 후, 즉 억압된 무의식의 영역이 생긴 후, 자아는 자신의 관성적 정체성을 유지하기 위해 이 같은 여백, '불만Unbehagen'(프로이트), 어긋남, 그리고 그 분열分裂을 통합시켜 안정된 상태를 지속시키고자 한다.

조각난 지혜로 세상을 마주하다

3.

저항에 관한 가장 포괄적인 정의는 '(분석) 작업의 진행을 방해하는 모든 것'(프로이트)이다. 이 글의 논점을 끌어오자면, 그것은 분석만이 아니라 사람들 사이의 일, 대화, 그리고 관계 일반을 가리킨다고 봐도 좋다.

통상 방해하는 주체는 자신의 행동을 정확하고 명료하게 인지하고 있지는 않다. 무릇 무의식의 공부는 에고가 몰라야 하며, 또 몰라야만 성립된다. (우선 우리는 항용 무엇인가를 '주체적/의식적'으로 하고 있다는 생각을 완전히 버려야만 한다.) 저항은 증상이므로 '반복'되는 게 일반적인데, 반복하려면 스스로 인지recognition를 우회하거나 회피해야 하기 때문이다. 무의식은 반복하고 자아는 저항한다. 이 무의식의 반복을 알아채는 게 공부이자 분석이며, 자아가 증상의 고치화cocoonization로 저항하는 것을 향한 역전逆轉이 곧 변화己+攵인 것이다. 대개 그 저항의 뿌리에는 에고의 결구結構에 의한 관성이 자리하고 있기 때문이다.

4. '아니……'라고 말하는 여자

자아 분석에 따른 저항의 사실을 강의/강연의 세팅으로 환치하면 논의가 한층 더 수월해지고 비근해 보이는데, 앞서 말한 것처럼 저항이란 정신적 존재인 사람에게 있어 본질적이기 때문이다. 역시 앞서 언질했듯 이 저항은 주로 말로써 이루어진다. 무릇 정신성이란 자기 자신을 지키고 변별하려는 생래적인 움직임이고, (무의식을 포함한) 사람의 정신이란 인어싱 Sprachlichkeit 을 버리로 삼기 때문이다. 여자를 노예의 일종으로 부리던 남자들이, 여자들이 실은 언어의 명수라는 사실에 눈뜬 것도 얼마 되지 않고, 여자들이 말로써 자신을 표현하고, 남자와 더불어 책응策應하거나 경합하며 세상을 경기經紀하게 된 것도 얼마 되지 않은 일이다. 가령 전통적인 여자의 사덕四德(마음씨, 솜씨, 말씨, 맵씨) 중에 '말씨'란 것도 말하는 태도나 그 정감情感을 가리키는 것으로 결국 마음씨로 환원된다고 해야 할 것이다. 그러나 말이 다시 여자의 입으로 돌아가서 전래의 유연성과 활성을 얻었을 때 그 속진速進에 따른 여러 작용과 부작용은 당연할 것이다.

A는 모 대학의 강사로 내 강의를 청강하거나 대학 바깥의 학술공동체 모임에 더러 모습을 나타내곤 했다. 그녀는 대화나 토론이 풀리는 자리에서마다 유난히 말이 많았고, 또 말을 잘하는 편이었다. 화법상의 특징이 여럿 있었는데, 특히 남의 말을 다 듣지 않고 거침없이 말을 섞곤 했다. 그리고 그때마다 '아니……'라면

서 모두冒頭를 잡아나가는 버릇이 있었다. (물론 이것은 이른바 '부정적 자유의 형식'이다. 그것은 자신과 다른 것이라면 무조건 쳐내면서 얻는 노루 꼬리만큼의 심리적 만족의 기분에 지나지 않는다. 내가 여러 글[2]에서 밝히고 또 실천하느라 애쓴 형식의 자유는, 분별하자면 '긍정적'인 것인데, 이는 타자를 이해하고 그 속내를 익히면서 뚫어내는 중에 얻는 자유를 가리킨다.) 첫머리가 '아니요'라거나 '아니지요'라는 식으로 부인과 반대를 분명히 하는 경우도 잦았지만, 특별히 부정적인 뜻을 담지 않은 채로 발화되는 '아니……'도 많았다. 과장하자면, 아예 문장의 처음을 '아니……' 이외의 것으로는 다양하게 변주할 수 없는 듯 보였다. 그렇게 보면 A의 지성, 혹은 그 지성을 저당잡고 있을 감정의 기원을 엿볼 수도 있을 법했다.

A의 이런 태도는, 모임의 좌장 혹은 선생 노릇을 했던 내게 노골적으로 드러나는 편이었다. 그녀는 매사의 판단에 진보적이었고 사뭇 여성주의적으로 옥은 입장을 취했으며 대학에서도 관련된 과목들을 강의하고 있었다. 나와 내 강의에 대해서는 전이/저항Übertragung/Widerstand이 갈마들며 착종된 매우 전형적인 모습이 드러나는 듯했는데, 내 글과 말의 내용에 관해서는 대개 수긍하는 쪽이었지만, 왠지 나라는 남자·사람에 대해서만은 유보적이었고 증상적으로 인정과 신뢰의 자리를 끈질기게 (어느 먼 곳으로) 외부화시키는 듯했다. 일부 여성에게 잘 보이는 '파약破約이나 어긋냄의 정치'를 연상시키듯 A는 내내 '아니, 라고 말하는 주체'처럼 속삭이거나 진동하면서 어느새 그러한 주체로 굳어져갔다.

모임의 전체를 건사하고 갈무리해야 하는 나로서는 때로 성가시거나 당황스러웠다. 나는 강사 혹은 선생으로서 논의를 일매지게 정리해야 했으며, 사제師弟 혹은 동무 관계의 신뢰를 향해서 운신해야 했기 때문이다. 나는 전체Gestalt를 보지만 A는 발화의 부분에 응해서 기민하게 응대했다. 마찬가지로 A는 철저한 개인·여성으로서 말하고 있었다. 성대한 잔치의 전부를 살피는 주인장의 태도와 개인의 재능과 욕망에 충실한 미인·재인의 시선은 매우 다를 것이다. 그녀의 지성은 과각성過覺醒한 상태였을까. 그녀의 분노는 안성맞춤한 저항의 자리를 구하고 있었던 것일까. 계몽된 정신의 자리에서 굽어본 자신의 사회적 자리는 그토록 위태로웠을까. 수많은 동료 여성의 신세를 대신해서 A는 자신도 모르게 집단적 보상의 소송訴訟을 행하고 있었던 것일까. '아니……'라고 말하는 그녀의 정신은 어디에 그 닻을 내리고 있었을까.

조각난 지혜로 세상을 마주하다

5. 배울 수 없(있)는 여자

의심하고 저항하면서 제대로 배우기는 어렵다. 허나 의심하고 저항하는 게 사람이고, 그 정신이다. 특히나 무릇 사람의 말이란, '아니, 라고 말하는' 데에 그 본질이 있다. 마르크스, 프로이트, 니체 등에게서 본질적인 '의심의 해석학hermeneutics of suspicion'(폴 리쾨르)은 곧 새로운 지평과 가능성을 향한 발견의 해석학이기도 하다. 이 문제를 풀려면, 우선 '배움'에서 학學과 습習을 분별해야 하고, 학에서 얻은 바를 거듭 행함으로써 자기 몸을 통해 자득에 이르는 과정에 대한 나름의 체험이 있어야만 한다. 오직 그래야만, 의심과 저항이 필요 없는 공부의 차원이 열린다. 그렇지 않다면 의심과 저항에서 풀려나기도 어렵지만, 의심과 저항의 자기계발적 한계heuristic limitations에 눈멀게 된다.

B는 20년 전쯤 내 공부 모임에서 여러 차례 청강한 적이 있는 교사였고, 한때는 전교조 운동에 열심을 부리던 중에 몇 번 정직을 당한 경력도 있었다. 젊어서 학생운동에 진심이었던 사람으로, 이후에도 꾸준히 진보적·여성주의적 학술 공동체들을 섭렵했는데, 어느 청강의 기회를 만나 (그녀 자신의 표현으로) '내 강의에 매료되었'다고 했다. 그러나 처음 B를 만났을 때는 내게 남은 특별한 기억이나 추억이 없었다. 그녀는 말수가 많진 않았지만 영리했고 자신의 이력과 경험에서 생각을 추려내는 솜씨가 있었다. 다만 나이나 경력에 비해 늘 들떠 있는 편이었고 더러 실없이 부스대기도

했다. 교사라는 직업과는 대조적으로, 내 눈에 띈 그녀의 모습은 어딘지 살짝 '아픈' 느낌이었다고나 할까. 훗날 그녀가 밝힌 바에 따르면, 당시의 첫 만남에서는 매료된 만큼 역시 빨리 물러가게進 銳者其退速 되었다고 했다. 그 자세한 이유를 언급한 적은 없지만, 남나중에사 에둘러 짐작하게 되었는데, 그것은 B가 8년 전쯤에 다시 내 모임의 청강생이 된 다음의 일이었다. 그녀는 우여곡절 끝에 재입회하게 된 소회를 밝히던 중, '첫 만남에서는 내 강의에 매혹되있지만 나날이 저항이 거세어지는 낫에 물러날 수밖에 없었다'면서, '애초 차분히 마음을 다스리면서 배우지 못한 것을 이제야 적잖이 후회한다'고도 했다. 그러나 '후회'를 언급한 후 불과 반년 만에 B는 변변한 해명도 없이 다시 모임을 떠나가고 말았다.

B의 그러한 조짐兆朕 혹은 증상적 반응은 다시 모임에 든 지 녁 달째가 흐르면서 내 눈에 띄었다. 기왕에 복잡하게 들뜬 심중이 밖으로 드러났던지, 눈에 띄게 군짓을 하면서 부스대기 시작했다. 몸을 심하게 흔들거나 고개를 획 뒤로 젖히거나, 불쑥 양손을 앞으로 뻗어 체조 동작을 하거나 하는 짓을 틈틈이 반복하는데, 맥락이 없을 뿐 아니라, 더 중요해 보였던 점은 그 충동성을 스스로 자제하기가 어려워 보였다는 사실이다. 기실 나는 그간 수많은 모임 중에 남녀를 불문하고 이런 현상(?)을 보이는 이들을 더러 겪었으므로 B의 '행동화Ausagieren, acting-out'가 어떤 상태에서 이루어지는 충동적 분열이며 저항인지를 대략 간파할 수 있었다. 그러다가 결정적인 사태를 맞은 것은, 이런 식의 행동화가 어긋나는 언표를

조각난 지혜로 세상을 마주하다

얻은 시점부터였다. 알다시피 행동화라는 현상은 심리적으로 억압된 정동情動과 표상, 혹은 이와 관련되는 고통이 미숙한 행동을 통해 발산되는 일종의 방어기제다. 속으로 응고되거나 팽창된 에너지가 충동적·비언어적으로 나타나는 것인데, 이는 정신적 에너지가 신체상의 여러 증상으로 변환되어 나타나는 전환장애conversion disorder(히스테리 신경증)와 유사한 심리적 벡터다.

차츰 B가 수업 중에 이상한 소리를 낸다는 사실을 알고서 나는 바로 문제의 심각성을 직감했다. 그녀의 억압된 무의식이 충동적으로 행동화되는 것도 어울려 공부하는 자리에서 적절치 않았지만, 말이 아닌 '소리'(혼잣말, 낭송하는 듯한 중얼거림, '쉿쉿' '아잇'과 같은 짧은 단절음, 노래처럼 리듬을 얹어 뱉는 소절 등등)가 풍선에서 빠져나오는 바람처럼 흘러나와 강의와 그 주변을 어지럽히는 데에는 다른 선택의 여지가 없었다. 나는 따로 B에게 이 점을 상기시키고 지적하면서 비평의 말을 건넸는데, 그녀는 곧 모임에서 탈퇴했다.

B의 경우는 그 증상적 행태가 조금 극명하긴 했지만 내겐 그리 낯선 풍경이 아니었다. 나는 개인을 돌보는 의사가 아니라 전체를 살피는 선생이므로 어떤 충돌과 갈등과 비평과 오해와 이별은 피할 수 없어 보인다. 하지만 내가 B의 일을 회고하면서 무척 안타까웠던 대목은, 그녀가 내 강의에 특별히 매료되었고, 두 번씩이나 찾아와서 배우고자 했지만 결국 실패하고 말았다는 사실, 그리고, 모든 인과는 상입相入이라고 했으니, 그 사실에 내가 어떻게 개입했는지 여태 투명하지 않다는 사실이다. 지금도 B가 내게 다

시 찾아와서 '처음부터 저항 없이 꾸준히 배우지 못한 일을 후회한다'고 말했을 때의 그 표정이 서글프게, 오롯이 떠오른다. 남성(수컷)에 비해 여성(암컷)의 학습능력이 뛰어나다는 사실은 주지의 것이다. 이 사실은 내가 긴 세월 교실 안팎에서 다양하고 흥미롭게 확인한 것이기도 하다. 그러나 어떤 여자들은 남자에게 배우는 중에, 개인의 주체성을 유지하거나 구성하는 과정을, 마치 지난한 과거의 계통발생을 반복recapitualtion 하는 식으로 힘들어하곤 한다. 재바르게 배우면서 노예의 시절을 꾀바르게 넘어온 여자들이 어느덧 스스로 주인이 되려는 순간, 이미 주인 행세를 하고 있는 남자들의 주체와 정면충돌하고 있는 것일까.

조각난 지혜로 세상을 마주하다

6. 공동체의 아이러니, 연대 없는 충실

C는 다재다능한 여성이었다. 무엇이든 빨리 배웠고, 현학적이며 추상적인 이론들에도 알레르기 반응을 보이지 않았다. 게다가 현실감각이 좋고 갖은 꾀와 수완에도 밝아 마음 씀씀이에 따라서는 널리 이롭게 쓰일 수 있는 인물이었다. (그녀가 내 기대만큼 '널리' 이롭게 여겨지지 않는다는 사실을 알게 된 것은 한참 후의 일이었다.) 내남없이 책 속에 코를 박고 있는 치들이 놓치기 쉬운 실무적 감각이나 정세의 판단도 빨라 당시 꾸리고 있던 학술 모임의 방향이나 제도에 관한 갖은 결정에서도 C의 공헌은 적지 않았다.

C는 특히 내게 충실했다. 모임에 내내 성실했고, 나름의 실력과 솜씨가 있어 매사에 유용한 편이었던 데다가, 눈치가 빠르고 순발력이 좋아 소소한 문제에 이르기까지 그녀의 도움이 요긴했던 때는 한두 번이 아니었다. '여자의 충실성'에 관해서는 이미 다른 글에서 몇 차례 논급한 적이 있지만, 비유하자면 가까운 여자의 충실성은 그녀의 남자에게는 마치 제2의 자궁과도 같은 곳이다. 전쟁터나 정벌에 나간 남자는, 사냥에 나간 남자는, 여행이나 탐험에 나간 남자는, 출장이나 직장에 나간 남자는, 등산이나 낚시터에 나간 남자는, 심지어 환락가를 돌면서 하룻밤의 탕진을 거친 남자는, 죄다 자기 자신만을 바라보면서 기다리고 있을 어느 한 여자의 충실성을 고대하고 있다. (이런 뜻에서는, 원칙상, 오직 제 아내의 충실성을 기대하고 있는 남자만이 딴 여자와 잘 수 있는 것이다.) 남자는, 혼란

　　　　　　10강 저항과 주체: 여자는 어떻게 남자를 만나는가

스럽고 위험한 세속에서 그가 마침내 빈털터리가 되었을 때조차 그만을 품고 위로해줄 바로 그 살/말로서의 여자의 충실성, 그 환幻에 최종적으로 의지하고 있다.

그래서 남자는 여자의 충실성에 마음을 풀어놓고 또한 녹아드는 법이다. 이 현상은 번식이라는 생명체 공통의 목적이 마음을 지닌 존재를 통해 임시로 안착한 모습일 것이다. 그러나 '여자는 공동체의 아이러니'(헤겔)라고 하듯, 충실성을 매개로 삼은 남녀의 관계가 공동체적 벡터에 의해 재구성될 때 새로운 문제가 생긴다. 이 문제의 핵은, '(여자의) 충실성은 공론장으로 나올 수 있는가?' 하는 것에 있다. 물론 군이 '여자'의 충실성을 주제화하는 데에는, 지난 무수한 세월 동안 여자와 남자가 함께 살아오는 중에 구조화된 권력의 물매가 깊이 개입하고 있다. 예禮의 시작이라는 남녀 관계에서, '남자는 여자를 사랑하고, 여자는 남자를 존경한다'는 전통적 규범에서 보듯, 여자는 남자를 향한 상향적 태도에 순치되어 살아오면서 주인에 대한 노예적 충실성을 뿌리 깊게 체득했기 때문이다. 그러므로 여자의 충실성이란, 이미 그 자체로 과거의 무의식처럼 반복해서 되돌아오는 쾌락이자 상처가 되는 것이다. 워낙 과거의 공적公的 공동체와 체제는 여자의 것이 아니었기에, 그리고 여자의 관계는 사적私的으로 제한되어 있었기에, 여자의 충실성이란 개인 남자에게 향하기 쉽고, 그 공론장적 가치와 영향은 제한적일 수밖에 없다.

차츰 알게 된 것은 C가 주변의 동료, 동학들과 그다지 호혜로

조각난 지혜로 세상을 마주하다

운 관계를 맺지 못하고 있다는 사실이었다. 요컨대 그녀의 충실성 loyalty은 사적 아이러니의 색깔을 띠고 있었고, 이상하게/안타깝게 공적 연대성 solidarity에서 기대만큼의 인정을 받지 못하고 있었던 것이다. 내가 모임의 선생으로 있는 자리에서 그녀가 발휘하는 재능과 공헌은 공동체의 공론장 속으로 쉽게 편입되지 않고 있었다. 그것은, C 자신이 인정하든 말든 주변의 동학들이 그녀의 동선과 그 성격을 이해하는 방식이었다. C는 자신의 근면하고 꼼꼼한 노동이 힘(?)을 지닌 남자 개인에 대한 충실함으로 배치되거나 범주화된다는 데 동의하지 않을 듯하다. 나 역시 전체와 관계에 대한 메타적 혜안을 얻지 못하는 한, 공동체 내에서 벌어지는 어떤 사안이든 충분히 이해하기가 쉽지 않을 것이다.

C와 같은 식으로, 여자의 노동과 충실이 사적으로 소비된 채 공동체적 연대성의 확보로 자리매김되지 못하는 일은 적지 않다. 개별 사안에 대한 분별과 비평은 늘 쉽지 않지만, 공동체적 맥락에서 이루어지는 여자의 충실성이 연대성과 어떤 함수관계를 맺고 있는지를 살펴보는 일은 궁극적으로 이른바 즉자대자적 통합의 인격을 갖추는 과정에서 매우 중요하다. 애초의 상처와 쾌락이 무의식적 반복의 형식을 통해 늘 회귀하는 것처럼, 여자에게 있어 '충실성'이란 자신의 생존을 위해 피할 수 없었던 지난한 이력의 표지인 셈이다.

7. 스토킹, 혹은 관념론의 한 형식

나는 긴 세월 독신으로 살았고 또 젊은 나이에 이름을 얻었기에 여자의 어떤 행태와 관련해서 더러 독특한 체험을 했다. 특히 40~50대에 걸쳐 스토커랄 수 있는 여자를 여럿 겪으면서 통으로 깨달은 것 한 가지는, 타자적 감각의 상실 혹은 어떤 관념론의 발흥(?)이 이들의 세계를 횡행하거나 규제한다는 점이다. 일반적으로 여자들이 남자들에 비해 생활능력Lebensfähigkeit이 있고 현실적이라는 사실은 긴 세월 동안 그녀들이 담당한 삶의 자리를 보더라도 쉽게 알아챌 수 있다. 남자들은 자주 허영을 부리면서 이념을 추구하지만, 여자들은 우선 제 앞가림을 하는 데 능숙한 존재였다. 남자들이 국가나 체제나 이데올로기나 두목에게 '충성'하는 경향이 있다면, 여자들은 본질적으로 국가나 이데올로기 외부에 발을 내밀고 있으면서 제 생활과 어느 남자 개인에게 '충실'한 편이다. 그녀들은 비교적 '아테르a terre'하게 사는 것이다.

하지만 내가 만난 여성 스토커들은 특징적으로 비현실적이었다. 이 말의 뜻은, 비록 그녀들이 선제적·자발적·적극적·일방적으로 내게 접근하면서 '구애' 혹은 이에 준하는 행위들을 하더라도, 마치 그 행위의 궁극적 책임은 내게 있는 듯 여겼다는 것이다. 사사로운 삽화들을 끄집어 전시하는 게 민망한 탓에 상설할 순 없지만, 스토커란 말 그대로 쉽사리 자신의 관념적·환상적 믿음의 체계를 포기하지 않기에 여러 해석이나 사태를 이어가곤 하는데,

조각난 지혜로 세상을 마주하다

이 과정을 통해 누누이 확인하게 된 것은, 그 뻔뻔스러움이 때론 양푼 밑구멍 같을 만치 당당하고 호기롭다는 것이다. 그리고 그 알짬은 '네가 나를 (이미/은근히) 사랑하고 있다'거나, 혹은 (마치 사실이 당위의 포장으로써 완결되는 것처럼) '너는 나를 사랑해야만 한다'는 확신이다. 이들에게 필요한 신경증적 의심은 차츰 자기 자신의 도발과 그 수행적 후과를 통해 오히려 추방당한다. '당위'는 진화적·변증법적 사실만으로는 구성되지 않는 믿음이나 요청의 결과물이다. 소수의 여자는 남자들을 만나면서 현실을 떠나 당위의 환幻속에 몸을 던지고, 스스로 현실로부터 소외되며, 급기야 그 소외의 환상적 역전逆轉을 통해 자신만의 현실을 재구성한다. 그녀들은 사랑받지 못하는 현실에 저항하면서, 일거에 반전을 도모할 퍼포먼스를 벌이고 있는 것일까. 그 퍼포먼스가 자신만의 고유한 현실임을 매번 믿고자 애쓰면서, 말이다.

8. 야망이 없는 여자

가깝게 지내던 어느 교수는, 학위 과정을 밟던 여학생들이 공부길을 중단하는 사유로 세 가지를 언급한 적이 있는데, 첫째가 혼인, 둘째가 괜찮은 직장이 생긴 것, 마지막이 가족과 친지들의 지속적인 반대에 따른 의욕 상실이었다. 지금에사 돈벌이를 하고 있는 유부녀들도 긴 세월을 에둘러 공부길에 복귀하는 게 현실이긴 하지만 이들도 전술한 세 번째 사유 앞에서는 여전한 도전과 당혹을 면치 못하고 있는 듯하다. 생활의 잡스러운 현실에 준응하면서 살아가는 여자들인지라, 명분과 체면과 이념을 좇아 야심을 부리는 게 낯설긴 하지만, 재능Geschick이 아니라 '관례적인 홈conventional grooves'을 좇아 제 운명Geschick의 통속을 반복하는 이들을 보노라면, 개인적으로는 답답한 심사를 거두지 못하면서도 전체적으로는 묘한 안쓰러움이 동그마니 떠오른다.

30대 초반에 대학교수가 되었을 때 D는 대학 3학년생이었는데, 나를 만나 '공부'라는 것을 처음 알았다고 했다. 그녀는 '못난이 삼총사'라는 이상한 패거리의 한 명이었다가 책의 세계와 가능한 희망의 자리를 알게 되면서 차츰 한 사람의 독립된 정신으로 자라갔다. 첫 리포트에서부터 D의 글솜씨가 특출하다는 것에 눈이 갔다. 공부는, 뭐니뭐니 해도 글인 것이다. 가령 '포폄褒貶'이라는 낱말을 그녀의 글에서 처음 알게 되었다. D의 모든 리포트는 유달리 길었고, 문장은 정연함과 문학적 운치가 더불어 농익었으며, 학부 학생의 글로서는 드물게 참고문헌과 그 인용이 방대하며 섬세했다. 당시 그녀는 '종교철학과' 소속이었지만, 내 강의를 들으면서 철학과 대학원이 있는 타대학으로의 진학을 모색하기도 하고, 내 소개와 권면을 입고 작가의 길을 탐색하기도 했다. 당시 나는 대학 수업 외에도 '근대과학사 연구회'라는 모임을 꾸려가고 있었는데 이 자리에서도 D의 기량과 정성은 표나게 돋떴다. 내 관심과 기대가 높았던 것은, 유학 후 문득 교수가 된 후 내 책임 아래에서 처음 만나는 재능이기 때문이기도 했을 것이다.

D의 재능이 무르익어갈 무렵, 같은 나이의 남학생을 만나 연애에 빠지면서 이 모든 일은 수포로 돌아갔다. 그녀의 애인은 목회牧會의 길을 지원하던 신학과 학생이었는데, 당시 내 강의에 대한 불온한(진보적이며 반체제적인) 소문 탓에 나를 경원시하던 무리 중 한 사람이었기 때문이다. 나중에 알게 되었지만, D의 애인은 오래된 기독교 가문으로 이미 목사를 여럿 배출한 집안 출신이었다. D는 대학을 졸업하기 무섭게 그와 혼인했고, 목사의 배우자로서 근실하고 알뜰하게 살아가고 있다는 후문만 종종 들려올 뿐이었다. 졸업 후에 한 줄 안부 인사도 없었던 D이지만, 나는 지금도 가끔 그녀를 떠올린다. 그리고 내가 처음 만났던 어떤 여성의 재능을 무슨 아련한 추억처럼 회억하곤 한다.

주

1강
인문학에 대한 네 가지 다른 태도: 정희진, 박문호, 유시민

1. 박문호나 유시민은 나와 면식이 없다. 유시민과는 오래전 어느 주간지를 통해 지상 논쟁을 몇 차례 벌인 적이 있지만, 공사를 막론하고 대면관계에서 말을 튼 적은 없다. 정희진은 십수 년 전에 내가 간여하던 부산의 인문학 카페에서 초청 강연을 부탁했는데, 당일 그 현장에서 잠시 수인사를 한 게 전부다.

2. B는 김용옥 등과는 달리 '사상가'를 자처한 적이 없고, '지구 전체를 완전히 알고 싶다'는 기이하고 무시무시한(!) 욕망을 내비친 바 있다. 그러나 마치 Y가 나이듦과 함께 차츰 인문학적 성숙의 면모를 드러내는 것처럼, B 역시 나이가 들고 일반 대중에게 자주 노출됨에 따라 그의 과학은 종종 철학·인문학적 지혜의 편린을 나타낸다. 전례 없는 과학적 지식의 총섭總攝이 그의 실존과 인문학적 문제의식과 겹친다면 그 역시 나름의 사상을 길어올릴 수 있을 법도 하다. 물론 Y는 사상가의 길을 걷진 않을 (못할) 것이다. 스스로 지식소매상, 혹은 딜레탕트의 길을 자처하고 있는 데다, 그가 마주하고 있는 많은 대중의 관심 또한 Y의 글과 말이 사상의 어늑한 암혈巖穴만을 착 암鑿巖하도록 내버려두진 않을 것이기 때문이다.

3. 실은 바로 이 원고를 놓고 강의하던 자리에 모인 청중의 3분의 2 정도가 여성이었는데, 그들과의 대화를 통해 거듭 느낀 것 역시 J에 대한 관심과 사랑이었다. 더 정확히는, 이 글 속에 개진된바, J에 대한 내 문제의식은 그곳에 모인 여성 청자들에 관한 '곁돌고' 있었다고 해야 할 것이다.

216   조각난 지혜로 세상을 마주하다

일본, 혹은 우리가 실패한 자리: '일상생활의 인문학'이란 무엇인가

1. https://youtu.be/gq3SfLf12ME?si=996_d1M7uL60j_MF.

2. 이런 식으로 굴절된 시선의 사례는 헤아릴 수 없으며, 어쩌면 이러한 굴절은 역사적 피해의 보상과 해원解冤이 적절히 이루어지기 전에는 어느 정도 불가피한 이데올로기적 장치일 것이다. 예를 들면 한국 역사상 최초의 근대적 조약인 강화도 조약(1876년 2월 24일, 양력)에 대한 후대의 이해부터 이미 굴절되어 있는데, 이는 일제의 강제병합과 식민지 지배를 겪은 피해자로서는 피할 수 없는, 인간적으로는 극히 자연스러운 시각의 굴절일 것이다. 김종학, 「조선의 근대적 외교와 미, 중, 일의 대한반도 정책(1876~1894)」, 『한미일중 100년 1권: 일본 제국주의와 냉전(1870~1970)』(최종현학술원 엮음, 일조각, 2024), 35~36쪽.

3. Bessel van der Kolk, *The Body keeps the Score*(New York: Barnes & Noble, 2014), p. 314.

4. 이승종은 '한·일 관계의 역사철학'이라는 글에서 일본을 "어느 면으로 보아도 동북아의 판세를 좌우할 역량과 포텐셜을 갖춘 강소국"으로 보고, "한국과 일본이라는 동북아 권역 내의 두 강소국이 힘을 합친다면 어떠한 도전에 대해서도 그에 맞서 안정되게 동북아의 세력균형을 맞춰나갈 수 있다"고 주장한다. 내 글도 이러한 주장에 대체로 동의하는 편이지만, 글의 취지는 공부하는 학인의 자의식과 태도에 주안할 뿐이며, 이른바 정신적 극일의 경험을 매개로 새로운 공부길의 한 갈래를 얻고자 할 따름이다.

5. 에른스트 폰 헤세-바르텍, 『조선, 1894년 여름』, 정현규 옮김, 책과함께, 2019, 71쪽.

6. 제임스 게일, 『코리언 스케치』, 장문평 옮김, 현암사, 1971, 76쪽.

7. 이 글은 정해진 시간의 양에 구애받는 강연 원고이므로 무엇이든 충분히 상설할 수 없다. 특히 상인/직인의 문화와 제도가 중요한 이유는 그것이 이른바 '심층근대화'의 필요 조건이기 때문이고, 직인과 상인의 직업 윤리가 제대로 설정되거나 체화되지 못한 채로 천민/졸부 자본주의의 물길 속에 휩쓸린 게 곧 우리의 모습이기 때문에 이 문제를 대하는 내 심정은 몹시 쓰리고 아쉽다. 갖은 종류의 상업적 거래를 쉼 없이 거치는 게 우리 일상이므로 우리 삶의 형식을 새롭게 조형하고 그 질質을 높이기 위해서 무엇보다 필요한 것은 직업적 (심층)근대화이며, 그 알짬이 곧 직업 윤리와 그 제도이며 문화이기 때문이다.

8. 자세한 일자의 기억은 흐린데, 근자에 본 일본 뉴스 중에, 20초 늦게 출발한 기차의 주무 부서에서 사과문 공지를 올린 일이 있었다. 또한 작년에 본 뉴스 중에는 지하철이 1분 연착한 탓에 그 운전수를 감찰하였고, 결국 그가 운전 중에 잠시 졸았다는 사실이 밝혀져 처벌받은 일도 있었다.

9. R. 태가트 머피, 『일본의 굴레』, 윤영수·박경환 옮김, 글항아리, 2021, 401쪽.

10. 최아란, 『언니 의자』, 소소담담, 2022, 203쪽.

11. 신유한, 『조선 선비의 일본견문록』, 강혜선 옮김, 이마고, 2008, 238쪽.

12. 司馬遼太郎(外), 『日韓理解への道』, 中央公論社, 1987, 75쪽.

13. 이와 대조적으로 기독교, 특히 개신교가 한국 사회의 집단 정서나 미학, 혹은 에피스테메에 끼친 영향을 살핀다면 양국의 정신계보학적 차이를 읽어내는 데 매우 유용할 것이다.

14. 시바 료타로, 『미야모토 무사시』, 김준기 옮김, 창해, 2005, 64쪽. 무사미학적 관심이 생사관을 지배한 나머지 도덕주의적 상식에서 태연히 일탈한 사례는 부지기수다. 가령 지기知己의 자살을 접하고도 애도에 앞서 그(녀)가 그 목적을 위해 스스로 행한 칼솜씨에 감복하는 장면 등이 특징적이다.

15. 프랜시스 후쿠야마는 이러한 사회의 주인공들을 니체의 말을 빌려 '최후의 인간 der letzter Mensch'이라고 부른 바 있다. "자유민주주의가 생활의 장場에서 우월 욕망을 성공적으로 추방하고 그것을 합리적 소비로 대체하면 그만큼 우리는 최후의 인간으로 변해간다."(『역사의 종말』, 한마음사, 1997, 460쪽)

16. 나루사와 아키라, 『일본적 사회절서의 기원』, 박경수 옮김, 소화, 2004, 28쪽.

17. 20년 가까이 대통령을 다섯 차례나 연임한 박정희(1917~1979)가 대구사범학교(1932~1937), 만주국 육군군관학교(1940~1942), 그리고 일본육군사관학교(1942~1944)를 다녔으니 그의 독재적 근대화, 혹은 근대화적 독재가 어떤 성격이었을지 능히 짐작할 수 있다.

18. 미나미 히로시, 『일본적 자아』, 서정란 옮김, 소화, 2015, 62쪽.

19. 이러한 '특징'들이 가지런히 분류될 수 있다는 뜻에서 '일본(인)론'의 가능성은 명확해진다. 루스 베니딕트의 『국화와 칼』(1946) 이래 일본의 안팎에서 쓰인 일본(인)론은 실로 무수한데, 이와 대조적으로 한국(인)론에 천착한 글이 없다는 사실은 극히 중요한 인류학적 자료가 아닐 수 없다. 왕조 시대가 타의에 의해 부끄럽게 와해된 후 식민지의 수모와 전쟁을 치르면서 외세(일본, 미국, 중국, 러시아)와 장기 독재에 의해

국운과 사회 구성이 좌우되었던 불운한 역사를 거쳐왔던 우리에게 무슨 내세울 만한 특징(들)이 온존했겠는가. 아무리 긴 역사 속을 헤집어 민족적 자존심을 옹위하려고 해도 생존 그 자체에 시달리는 상황이라면 자신의 아이덴티티를 가꾸고 유지할 문화적 여유와 정신적 기량을 얻기 어렵기 때문이다.

20. 가토 슈이치, 『일본문화의 시간과 공간』, 박인순 옮김, 작은이야기, 2010, 211쪽.

21. "특히 한국에서라면 행인이나 인근의 타인들을 제 맘껏 쳐다보고, 지긋이 보고, 노려보고, 째려보고, 싱긋거리면서 보고, 구경거리처럼 보고, 느물거리면서 보고, 되돌아 뒷모습까지 챙겨본다."(김영민, 앞의 책, 493쪽)

22. 이와 관련된 자세한 논의는 다음의 책을 참고할 것. 大塚英志, 『お宅の精神史』, 講談社, 2004.

23. 소스타인 베블런, 『유한계급론』, 김성균 옮김, 우물이있는집, 2012, 21쪽.

24. 제아미, 『풍자화전』, 김학현(편), 열화당, 1997, 105~106쪽.

25. 도널드 리치, 『도널드 리치의 일본 미학』, 박경환·윤영수 옮김, 글항아리, 2022, 171쪽.

26. 가라타니 고진, 『일본정신의 기원』, 송태욱 옮김, 이매진, 2003, 56쪽.

7강
누가 이들을 죽였는가: 노무현, 노회찬, 박원순의 자살에 관하여

1. 막스 베버, 『탈주술화 과정과 근대』, 전성우 옮김, 나남출판사, 2002, 271쪽.

2. '무의 자리 지킴이'란 불교식으로 표현하자면 '상을 여의면 곧 부처離相卽是佛'(『금강경』)라는 말 속의 '상을 여읨離相'에 해당된다. 하이데거의 경우 무Nichts 은 곧 존재Sein 의 다른 이름인데, 존재와 무는 존재자에 관한 (표)상을 여의게 되는 마음의 경계를 이름에 다름 아니다.

3. 자기 삶을 통합하려는 태도와 행위는 정신적 존재로서의 인간에게 고유한 것이다. 정신은 사물과 달리 스스로를 메타화하기에 자기 존재를 자연히 통합적으로 보고자 한다. 실은 이해나 해석 자체가 자기통합적이기 때문이다. 예를 들어 삶의 전부나 일부가 '이해' 가능한 이유는 그것들이 서사적으로 통합되어 있기 때문이며, 정신이란 곧 이처럼 이해와 해석의 통합이라는 네겐트로피negentrophy 증가 현상과 깊이 관련되어 있는 것이다. 슈뢰딩거의 말처럼 생물 현상 일반, 특히 인간의 정신은 곧 네겐트

로피를 먹고 살아가는 현상이라고 해도 좋다.

4. 권력은 그 자체로 선하지도 악하지도 않은 것이다. 권력power 은 인격이나 영혼의 문제에 개입하지 못하기 때문이다. 반면 권위authority 는 권력과 달리 생산적이며 표현적이고, 따라서 개인의 인격과 관련을 맺는다. 권력은 소유할 수 있지만 권위는 어떤 실력과 인격이 만나는 자리에서만 가능해지기 때문이다.

5. 피에르 부르디외, 『구별짓기: 문화와 취향의 사회학』, 최종철 옮김, 새물결, 1995, 44쪽.

6. 나는 TK 의 이러한 '뿌리의식'을 다른 글들에서 '문벌門閥 무의식과 고전 교양의 노스텔지어'라고 표현하기도 했다. 김영민, 『적은 생활, 작은 철학, 낮은 공부』, 늘봄, 2023.

7. 김영민, 『적은 생활, 작은 철학, 낮은 공부』, 늘봄, 2022, 298쪽.

8강
정신과 표현: 표현주의 존재론과 정신 진화론에 관하여

1. 이에 관한 논의는 특히 내 책 『그림자 없이 빛을 보다』(2023) 중의 '깨침이란 무엇인가(1~2)'에 개진되어 있다. 『차마, 깨칠 뻔하였다』(2018)도 참고할 만하다.

2. 이런 논의에 극히 흥미로운 참조의 빛을 던지는 게 권헌익의 작업이다. 그의 '관찰'에 따르면 혼령의 자기 교양(표현)은 멈추지 않는다. "나는 그들이 가로지르는 경계들 자체보다 분류적 경계를 가로지르는 넘나듦의 역동성을 강조해서 그들을 '변환적 혼령transformative spirits'이라 부른다. 내가 관찰한 바에 따르면, 변환의 과정은 비록 종국에는 종언을 맞이할 수도 있지만 완전히 종결되지 않는다."(권헌익, 『베트남 전쟁의 유령들』, 산지니, 2016, 244쪽)

9강
왜 대화는 실패하는가: 보살행으로서의 듣기와 말하기

1. '응해서 말하기'는 관련되는 주체들이 교차하는 관계 속에서 자신의 입장과 행위를 유연하게 조절해가는 태도의 일종이다. 예를 들어 모래 속에 머리를 처박고 있는 '타조의 기법'이나 '방안 퉁소'와는 대극을 이룬다. 건널목이 아닌 곳에서 일체의 외부를 모른 체하고 제 발 앞만을 내려다보면서 천천히 찻길을 건너가는 행인을 본 적이 더

러 있는데, 이런 종류의 사람이 곧 '응하지 않는' 표본적 행태 중 비근한 사례가 될 것이다.

2. 책임이나 연루連累 등에 대한 부인을 뜻하는 말disclaimer, 가령 '이 얘기는 그냥 하는 건데요.' '갑자기 엉뚱한 생각이 떠올랐는데요.' '이 말은 별로 상관없는 얘기인데요.' 하는 부정적인 문장과 함께 계속되는 말이야말로 오히려 가장 중요한 함의를 품고 있을 수가 있다. Bruce Fink, *Fundamentals of Psychoanalytic Technique: A Lacanian Approach for Practioner*, New York: W.W. Norton & Company, 2007, p. 40. 대화 중의 하품이나 부스댐, 혹은 대화를 중단시키는 여러 행동도 이런 뜻에서 중요한 분석 대상이 된다. 물론 저항Widerstand의 의미가 가장 일반적인데, 저항은 환자/청자 자신의 부정적 개입에 의한 것으로서, 치료나 이해의 진행에 대한 (정신적 존재인 인간의) 자연스러운 거부-장애로부터 생긴다. 환자/청자는 억압된 것을 그 상태로 보존하려고 하며, 이런 뜻에서 치료나 이해의 과정을 위협적인 것으로 간주하기 때문이다.

3. 가령 나란히 걸으면서 산책할 때도, 혹은 심지어 키스할 때조차 공동의 노동이라는 의식이 필요하고 그 같은 협력의 노동이 필요하다. 자기 입장과 특권을 전제한 채로 노동을 일방화해서는 안 된다. 이른바 '현복지(현명한 복종과 지배)'도 겨끔내기로 노동을 배치함으로써 전체적인 배분과 조화를 기하려는 노력인 것이다. 프로이트의 설명에 의하면, 저항Widerstand이란 '분석을 방해하는 일체의 것들'을 가리키는데, 현복지는 일을 방해하는 일체의 것을 저지하거나 우회하기 위한 노동의 전략적 배분이라고 할 수 있다. 대화를 공동의 노동으로 여기는 이유도 마찬가지인데, 결국 논지를 살리고 키우며 개화開花시키는 데 방해가 되는 일체의 것을 없애기 위한 취지에 다름 아니다.

4. M. B. 로젠버그는 대화법을 논하는 자리에서 특히 느낌feelings에 주목하는 중에, 타인의 행위가 내 느낌의 원인이 아니라 단지 자극stimulus에 불과하다는 점을 강조하는데, 이런 지적은 여실如實한가 하는 문제와는 별개로 실용적 대화의 기법상 새겨둘 만한 조언이긴 하다. Marshall B. Rosenberg, *Nonviolent Communication: A language of Life*, A Puddledance Press Books Press, 2015, pp. 49~50.

10강
저항과 주체: 여자는 어떻게 남자를 만나는가

1. 나는 근자에 산책 중에 알게 된 새끼 고양이 네 마리를 수시로 돌보고 있다. 한 달여가 지난 지금은 학습이 되었기 때문인지, 나를 바로 알아보곤 거의 '미친 듯이' 달려들곤 하는데, 차마 그 요구demande의 모습이, 정신은 아예 없고 오직 육체로만 존

재하는 듯 보인다. '요구'라고 해야, 말없는 짐승이므로 그것은 거의 (생물학적) '필요 nécessaire'에서 크게 벗어나지 않는다. 그러나 인간과 같이 정신이 있는 존재의 요구는 반드시 '말'을 매개로 이루어지며, 이로써 필요와 요구는 어긋나는 법인데, 바로 이 어긋남의 여백으로부터 욕망이, 호기심이, 상상력이, 창발력이, 협동심이, 그리고 문화와 기술이 생겨나는 것이다.

2. 「자유, 개인들의 빛」(김영민, 『자본과 영혼』, 글항아리, 2019, 274~278쪽).

조각난 지혜로 세상을 마주하다

찾아보기

조각난 지혜로 세상을 마주하다

조각난 지혜로 세상을 마주하다

초판인쇄 2024년 9월 5일
초판발행 2024년 9월 13일

지은이 김영민
펴낸이 강성민
편집장 이은혜
마케팅 정민호 박치우 한민아 이민경 박진희 정유선 황승현
브랜딩 함유지 함근아 박민재 김희숙 이송이 박다솔 조다현 정승민 배진성
제작 강신은 김동욱 이순호

펴낸곳 (주)글항아리 | 출판등록 2009년 1월 19일 제406-2009-000002호

주소 경기도 파주시 심학산로10 3층
전자우편 bookpot@hanmail.net
전화번호 031-955-2689(마케팅) 031-941-5161(편집부)

ISBN 979-11-6909-287-6 03100

www.geulhangari.com